世界就像一隻小風車

李維史陀與《憂鬱的熱帶》

楊照

目次

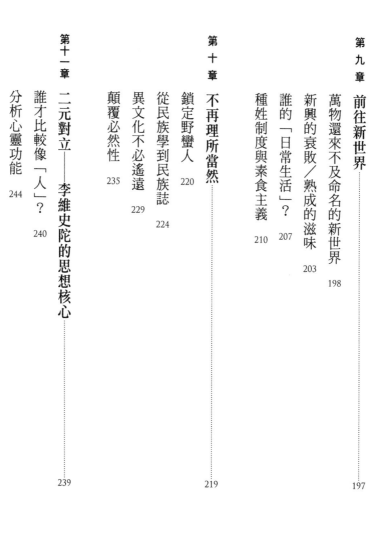

自序

只有骨頭、骨頭、骨頭！

我第一次接觸李維史陀，是在一九八二年年初，大一寒假，從圖書館裡借了Edmund Leach寫的、黃道琳翻譯的《李維史陀：結構主義之父》。

二〇〇七年英年早逝的黃道琳，是最早將李維史陀與結構主義介紹給台灣讀者的重要人物，事實上也就是他將Lévi-Strauss譯為「李維史陀」。雖然另外一位英年早逝的人類學才子王志明翻譯《憂鬱的熱帶》時，將作者名譯為「李維—史特勞斯」，但至今我都還是維持用黃道琳譯的「李維史陀」，一來習慣難改；二來誌念這位曾經短暫有過一段交誼的前輩友人；三者，在法文中，Lévi-Strauss的最後兩個ss是不發音的，「李維史陀」比「李維—史特勞斯」更接近原音。

那個寒假，除了《李維史陀：結構主義之父》之外，我還借了一本Elvin Hatch的《人與文化的理論》，在那個慣例潮濕寒冷的台北冬天，這兩本書卻讀得我處在一種忽忽如狂的頭腦過熱狀態中。

從高中時開始自以為對「文化」有了特別的關懷，也自以為讀了許多談「文化」的書（《中國文化史》、《西洋文化史》、《東西哲學及其文化》、《中國文化的前途》、《佛教與中國文化》……），卻從來不知道可以用這種方式來看待「文化」、解釋「文化」，進而透過「文化」來探索人類行為。

我第一次真正接觸了一門過去陌生的學科——「文化人類學」，因而對「人類學」有了徹底翻轉的不同看法。

我們那個時代，高中考大學時要填志願，但說老實話，對於擺在我們眼前的大學科系，絕大部分是搞不清楚狀況的。文科志願中最奇怪、最難理解的，首推全台灣獨一無二的「台大考古人類學系」。就此一家，別的大學都沒有這種怪系，但偏偏又開在台大，不是任何其他大學。如果是台大以外的任何一所大學單獨開了這個系，我們的反應可以很自然、很直接——不理它，當作它不存在就算了。然而這是台大文學院的最後一個志願，絕大部分考生還是覺得不能放棄任何可能上得了台大的機會。

於是我們難免要對「考古人類學」這幾個字多看幾眼，難免要嘟噥討論一下這幾個字的意義。不知從多久以前，建中文組班的學長們就傳留下來對「考古人類學」的簡單定義——用台語說「挖死人骨頭的」。

就算我年少時興趣廣泛，也不可能會對專門學習如何「挖死人骨頭」動念的。自己認定了就是要讀歷史，連外文系、中文系都沒填進志願裡，當然不會考慮「考古人類學系」。

沒想到依照自己的志願進了台大歷史系，大一的必修課中，赫然出現了「考古人類學導論」。我高中時蹺課就蹺得厲害，上了大學更是變本加厲，大部分時間寧可耗在圖書館裡找書讀書，課堂能不去就不去。開學好一陣子，都還沒好好在「考古人類學導論」的課堂坐過，也就一直沒搞清楚這究竟是如何一門學問。

我不急、不在乎，歷史系的直屬學姊比我急、比我在乎。她好心地翻找出自己大一時用過的筆記祕笈，硬塞給我。我花了一、兩個小時在圖書館翻了翻上學期的筆記，哇，「考古人類學」還真的是「挖死人骨頭」的啊！

陳奇祿老師教的「考古人類學導論」，先列出了「考古人類學」的分項內容，包括：「體質人類學」、「考古學」、「民族誌」和「文化人類學」，然後就進入對於「體質人類學」的說明。筆記上密密麻麻都是人體結構的繪圖、骨骼形狀、還有關於人骨的種種專有名詞。乍看之下，很像醫學系學生的課程內容，唯一最醒目的差別是：不教肌肉、不管內臟，就只有骨頭、骨頭、骨頭！

寒假之前的「考古人類學導論」期末考，我考得一塌糊塗。考卷上有一整大題完全空白。陳老師上課時交代過，一定會考關於人類頭骨的相關名詞，大部分同學都知道要特別準備，只有我不知道。「請寫出『頭寬』、『頭高』、『頭長』的定義及其學名」，這樣的題目我只能望而生嘆。

考試成績公布，我的「考導」（「考古人類學導論」的簡稱）真的「考倒」了，拿了班上倒數的六十二分。看完成績走回文學院，我記起了筆記上說：下學期「考導」的主要授課內容是「文化人類學」，為了避免又被「考倒」，我決定到圖書館借幾本「文化人類學」的書，放假時好好提前進入狀況。

大開眼界

這一讀，竟使我狀況大亂。文化人類學開展的視野，逼我重新思考歷史、史學與歷史系的訓練。相較於文化人類學那種結合科學、理論、荒野冒險與文學記錄的研究方式，歷史，尤其是我當時所了解的傳統歷史與史學，顯得如此狹隘、如此平板且古板。

大一下學期，和上學期徹底相反，「考古人類學導論」成了我最感興趣的一門課。我還是沒有花太多時間在陳奇祿老師的課堂上，不是因為對他教的沒興趣，而是嫌他教得太少、教得太慢了。我拿著那份筆記，把下學期「考導」

課程中提到的每個人名、每本書名都抄記下來，然後到圖書館裡抱回一堆又一堆的書。

兩、三個月的時間中，我認真讀了Edmund Leach寫緬甸高原社會原住民結構的書，讀了Bronisław Malinowski和E. E. Evans-Pritchard的民族誌，還找到了李維史陀《憂鬱的熱帶》的英譯本，在台北逐漸熱起來的日子裡，開始閱讀。

然後我確信自己喜愛人類學遠勝過喜愛歷史。於是我鼓起勇氣，到「洞洞館」的考古人類學系系辦，詢問如何轉系。

系辦的助教聽不懂我在講甚麼。前面三分鐘，他認定我要問他如何從考古人類學系轉出去，因而帶點不耐煩地反覆聲明：「你想轉哪個系，就去問那個系，有的系有轉系考，有的系沒有。」我再三跟他說我就是想轉入考古人類學系，所以才來問的，這話好像無論如何都敲不進他腦袋中。終於，他弄懂了，驚呼一聲：「怎麼會？」

考古人類學系沒有固定的轉學規定。助教幫我問了之後告訴我，因為已經多年沒有遇到有學生要轉入了。所以，把成績單交來，然後跟系主任談談，應該就可以了。

那年考古人類學系的系主任，是李光周老師。約好時間，我去辦公室見他，見面第一個問題當然是：「你為什麼會想轉來我們系？」我早準備好了答案，立即將我對文化人類學的一點點認識全盤掏出，說了一大串話，甚至還狂妄地比較了英國的「結構功能學派」和法國的「結構學派」。

李光周老師很有耐心地帶著微笑聽我講，沒有打斷。等我講完了，他才幽幽地問了一句：「這個系叫做『考古人類學系』，但你都沒有講到『考古學』？」我愣了一下，還真沒防備到會有此一問。我以為顯現了自己對於文化人類學的熱情與理解，系主任應該會立即讚許地點頭說：「很好，歡迎加入我們！」

沒防備、沒有預想的答案，不到二十歲的我，就只能從心底掏出真話來。我不喜歡考古學，覺得考古是一門很無趣的學問，而且其研究方法與知識推論，大有問題。甚麼樣的東西會留在地下，甚麼樣的東西會被挖掘出土，充滿了偶然，要如何靠那麼偶然又那麼稀少的材料，來推斷過去的人類文化與歷史呢？

李光周老師還是很有耐心地帶著微笑聽，也沒有打斷。又等我講完了，李老師仍然帶著微笑，給了我他的答覆：「這位同學，現在我明白你『考導』成績為什麼會那麼奇怪了。很抱歉，我無法接受你轉系，不是因為你剛剛說的話，你來之前，我們在系務會議簡單交換過意見，系裡有老師提醒我：一個『考導』只考了六十二分的學生，實在不適合轉進我們系。」

我想爭辯說：「那是上學期，下學期我一定會考出全班最高分！」卻沒說出口。李老師多加了一句：「不過我個人很歡迎你多到系裡來上課，尤其是上上考古學的課，你對考古學很有偏見啊！」

三十年後回想這段往事，我都還是忍不住對自己的無知感到滿臉臊熱，我非但不瞭解考古學，也不了解中國考古學的驚人成就；我非但不認識代表中國考古學最高成就的學者如李濟先生，也不知道李光周老師就是李濟先生的公子！

但李光周老師非但不以為忤，而且後來幾年親切待我，讓我有機會接觸、學習考古學，扭轉了原先的無知與荒唐態度。

在思想漩渦的中心

轉系不成，我留在歷史系，但持續保有對人類學的探尋熱情，因為李光周老師的關係，又加上了對考古學的進一步研習。

也就在那幾年間，台灣知識界掀起了一連串的潮流。有探索社會與社會學知識理論的「韋伯熱」，又有在社會思索上進一步碰觸禁忌、挑戰禁忌的「新馬熱」、「新左熱」。

「新馬」、「新左」，指的是一九五〇年代以來，在西歐出現的思想運動。一九五三年史達林去世，接任的蘇共總書記赫魯雪夫展開了對於史達林的鞭屍批判，在批判過程中，史達林的種種恐怖統治手段被揭露，並且流傳到西方。這是對西方左派陣營投下的一顆巨彈，徹底炸毀了他們原先相信、依賴的蘇聯共產革命神話。許多左翼知識分子不能不省悟承認：無法再照抄蘇聯的教條、無法一廂情願地看待蘇聯式的共產革命，必須換一個角度反省自己的資本主義社會。願意如此思考的人，就形成了另一條旗幟鮮明的道路，他們將自己稱為「新左派」，和仍然對蘇共組織或教條效忠的「老左派」區分開來。而他們發展出來對資本主義社會的批判性思考與理論，就是「新馬克斯主義」，簡稱「新馬」。

「新馬」的傳統波瀾壯闊、包羅廣大，可以讓當時台灣的知識青年，從不同學科、不同角度切入。「新馬」有理論上的艱深，也有對現實極度尖銳的分析與批判，正符合當時台灣的知識氣氛所需——一方面，青年們仍保留了強烈的知識自尊與知識虛榮，很容易被理論，尤其不是人人能懂的理論吸引；另一方面，青年們身上也都還有戒嚴帶來的膽怯，不習慣也不敢直接參與、介入社會。當然，「馬克思主義」、「左派」帶有的濃厚禁忌色彩，增添了閱讀的危險性，對年輕人應該也有特別的挑逗效果吧！

那幾年間，「新馬熱」大幅影響了我的閱讀重點，不只是放下了年少時喜愛的詩與小說，甚至也放下了歷史系課程應該要讀的古籍與史著，我花了大部分的閱讀時間，探索「新馬」，同時也就有較多的時間，和來自法國及德國的思想、哲學傳統相處。

來自法國的「結構主義」，和來自德國的「法蘭克福學派」，都在那段閱讀時光中初初留下了基本的印象，也都從此存留在我的閱讀雷達範圍中，不斷激發我的好奇、召喚我更進一步的理解。

歷史專業訓練背景，使我總是用一種溯源比對的方式來了解不同的思想，盡可能將思想放回到時間先後發展的脈絡中來理解。在這過程中，李維史陀逐漸呈現出處於漩渦中央的特殊位置。「結構主義」的形成，由他而來；法國左翼思想的轉向，基本上走了從沙特到李維史陀的一條選擇道路；甚至德國的法蘭克福學派理論，也有很大一部份心力耗費在和李維史陀打造的「結構」搏鬥。

我自覺慶幸，早早讀過李維史陀，等於給了我一個從漩渦中央省察周遭纏捲變化的視角；對於這些洶湧波濤的冷靜整理，又使我得以穿越那中央的低抑闇黑，穿越重重的語言和觀念迷霧，趨近李維史陀獨特的「結構思考」。

以簡馭繁

二〇一三年，我在「誠品講堂」的「現代經典細讀」課程，開出了一整年的法國專題，依序選擇了波特萊爾的《惡之華》、福婁拜的《包法利夫人》、卡繆的《異鄉人》、沙特的《存在與虛無》、李維史陀的《憂鬱的熱帶》和德希達的《書寫與差異》六本經典。

設計課程時，我自覺這樣的安排有著高度風險。前面三本是文學作品，對一般讀者相對較容易閱讀，經典之名也較為響亮。後面三本則是哲學、思想之書，不只卷帙繁重，而且行文中有許多陌生的術語，也有艱困的推論，不是一般人沒事會拿來當作消閒閱讀的目標。

然而，大出我意料之外的，三期課程中，單純從學員反應上看，竟然是講授李維史陀和德希達的那期最受歡迎。早在課程開始兩週前，誠品信義店視聽室一百九十九個座位就報名額滿了。那麼多人如此熱中於理解如此稠密難懂的思想，也就給了我過去上「誠品講堂」課程時，未曾有過的壓力。

違逆這個高度追求輕鬆、娛樂的社會風格，那麼多人願意試著進入「結構主義」、「後結構主義」的深邃思想海域，使我自覺應該盡力在十堂課中，能讓他們感受這些了不起心靈創造出的智性光耀，讓他們了解親近複雜論理其實沒有想像中那麼困難。

或許就因為感受到這樣的特殊壓力，在安排授課內容時，我盡量節制地選擇幾個關鍵的焦點，環繞著這些焦點反覆說明；而且大量引用書中的原文，對文中意思進行直接解釋。我減省刪去了許多外衍、擴張的發揮，也比平常更耐心地多次繞回同樣的論點上，反覆鋪陳。

那樣的風格，也就延續到這本解釋李維史陀與《憂鬱的熱帶》的小書上。需要稍做說明的是，要將「誠品講堂」授課內容整理成書時，意外發現我講李維史陀的第一講全部及第二講前半的錄音，神祕消失了，沒有存留、也無從追記。還好，「誠品講堂」講李維史陀之前，我曾兩度應「衛城出版」之邀，在誠品台大店和台北國際書展中，談了Patrick Wilcken寫的李維史陀學術傳記

《實驗室裡的詩人》，所談內容環繞著李維史陀，以及我在美國學習人類學的受業師 Pro. David Maybury-Lewis。將這兩次講座活動的內容收納進來，得以讓這本書不至於太過單薄。

書名《世界就像一隻小風車》取自《憂鬱的熱帶》第十六章，是一個精巧、有趣的比喻，恰好對應了李維史陀眼中看到的既繁麗卻又有著根本結構限制的人類文明，比較詳細的衍伸解釋，還請參看本書第七章。

世界就像一隻小風車

李維史陀與《憂鬱的熱帶》

第一章

在哈佛遇見李維史陀

詩、結構、普遍真理

首先容我抄錄一段十多年前所寫的文字：

那天討論的是李維史陀的結構人類學以及「野性思維」模式。應該進入深秋的十一月卻反常地晴熱，我們毫不猶豫地離開暖氣依然嗤嗤作響的教室，散坐在博物館的門口階梯上。周圍的景觀既熟悉又陌生，建築物在陽光下繼續擺著與時間流動對峙的姿態，樹上的黃葉大部分散落下來掩住半禿的草地，然而人們捲起袖管漫步來往的模樣，卻應該是屬於棒球季結束前的季候心情。

於是有人提出詩的問題。什麼是詩？

可是我們討論的是李維史陀，在人類學的課上。

如果說李維史陀是個人類學家，為什麼三個撰寫他的知識傳記的人：利奇[1]、帕斯[2]和西莫尼斯[3]，都強調他的作品的美學價值以及詩的特質？一定有什麼道理吧。我們不能說這些人不懂人類學，埃德蒙．利奇在英國功能結構學派裡打滾一生，幾度掀風作浪。我們也不能說這些人不懂詩，別忘了去年諾貝爾文學獎才頒給了奧克塔維奧．帕斯。我們不能不問：詩到底是什麼？為什麼說李維史陀的作品具有詩的特質？

因為他的文采優美。

記不記得在《憂鬱的熱帶》裡有一段他談到夕陽的變化？他說坐船旅行時，夕陽是最可貴的饗宴，沒有兩天的黃昏是一樣的顏色，或一樣的變化過程。每次面對夕陽，總在他心中誘引出文學的渴望，想要嘗試文字如何

1 埃德蒙．R．利奇（Edmund Ronald Leach, 1910-1989），英國社會人類學家。
2 奧克塔維奧．帕斯（Octavio Paz, 1914-1998），墨西哥作家。
3 伊萬．西莫尼斯（Yvan Simonis），人類學及精神分析學家，目前任教於加拿大魁北克省的學術機構 GIFRIC。

能追趕自然的無窮多樣，予以描述。然後他真的就寫了一大段頌讚夕陽的美文來。

因為他的邏輯根本不是科學的，至少不是我們一般能接受的理性路子。他用自己的方法，從繁亂的現象中抽離出所謂「結構」的模式，可是我們怎麼證明他的模式是對的呢？他有太多主觀的理論設定，可能在這個意義上比較接近詩人、文學家，他從特殊、精巧的角度觀察、描寫自然、人文事物，別人只能欣賞，卻無法和他辯論。

更基本、更重要的可能是：他在作品裡建構了一種不同於我們日常生活認知的世界秩序。他一再強調，他所尋求的是文化底層的文法結構，像個語言學家一樣。當我們說：「愛情是最高形式的悲劇。」又說：「原子是最基本的物質構成。」我們覺得這是屬於兩個截然不同範疇的語句。然而語言學家卻可從第一、文法結構的類似；第二、語音衍生意義……等方面建立這兩個句子間的「結構」關係。同樣的，我們覺得完全無法比較的文化行為，例如美國人的感恩節大餐和愛斯基摩人的無鹽烹調，在李維史陀看來，兩者之間卻存在著「結構」、「文化文法」上的類似之處。詩的本質就是打亂原來靜穩、視為自然的感官或語言世界，予以錯置、扭曲、重組來製造新的意義，不是嗎？在刺激、挖掘新範疇這一點上，李維史陀和華滋華斯是沒有兩樣的。

可是詩人的詩是唯一的，李維史陀卻宣稱，他的人類學作品是關於普遍真理的發現。

一首一首的詩也許是唯一的，然而詩人不也認為，他們的詩裡藏有一種超越的真理、不同形式的真理、詩的真理？

魔術師的咒語

這段文字出自散文集《迷路的詩》，一篇標題為〈另一種真理的探求〉的文章裡。

關於這段文字，需要一點解釋與補充。

這篇文章記錄的是真實發生過的一堂課。在美國哈佛大學念書時，我曾經選修梅伯利—路易教授[4]的「社會人類學」。這段關於李維史陀和詩的討論，就出現在梅伯利—路易教授開的研究生討論課上。

梅伯利—路易是位人類學家，他主要的田野調查是在巴西做的，學術上最突出的貢獻在於「二元社會結構」的研究。這樣的資歷，注定了他和李維史陀關係密切。李維史陀和人類學的淵源，起自於他到巴西聖保羅大學任教，從而展開了對印第安部落的調查。而「二元社會」的概念，也是李維史陀最早在關於「親屬系統」的研究中提出來的。

派翠克．威肯[5]寫的李維史陀學術傳記[6]中，有一段就記錄了梅伯利—路易和李維史陀的恩怨。

李維史陀把神話的要素比作原子、分子、水晶體和萬花筒裡的碎玻璃。但事實上，他的方法相當依賴直覺、天資、藝術聯想力——甚至依賴機運……這種藝術家方法看起來很瀟灑，卻讓許多專業人類學家（特別是英美的人類學家）大搖其頭。

等《神話學》第二部出版之後，有些人終於失去了耐心。英國人類學家梅伯利—路易當時是哈佛大學的教授，特別有資格對《神話學》的研究綱領提出批判，因為他在一九五〇年代曾經研究過沙萬特人（Xavante）及其鄰居謝倫特人（Sherente）。梅伯利—路易雖然對結構主義[7]有好感，卻在一九六〇年寫了〈有二元組織這回事嗎？〉（"Do Dual Organisation Exists?"）一文，從民族誌（ethnography）材料和理論兩方面質疑李維史陀的觀點，而李維史陀則以一篇有時相當凶悍的長文回擊此文……

---

4 大衛．梅伯利—路易（David Maybury-Lewis, 1929-2007），人類學家，出生於巴基斯坦，在美國哈佛大學任教約四十年。

5 派翠克．威肯（Patrick Wilcken），人類學者，長期擔任國際特赦組織的巴西研究員。

6 *Claude Lévi-Strauss: The Poet in the Laboratory*，中譯本書名為《李維史陀：實驗室裡的詩人》。

7 Structuralism，一般認為緣起於索緒爾的「結構語言學」。

……梅伯利－路易……認為，李維史陀解讀出的許多對立項都太過牽強，沒有多少民族誌證據可以作為支撐。在我看來，李維史陀更念茲在茲的是自圓其說，而不是忠實地詮釋他所提到的那些原住民的信仰。另外，梅伯利－路易也指出，李維史陀是靠著花稍的文體才得以在一些矛盾、假設和匪夷所思的關聯性之間滑行，說這種文體「就像是一個魔術師為了讓觀眾分心而念的咒語」。

……梅伯利－路易因為曾經在巴西從事過田野調查，所以有本錢直接挑戰李維史陀所引用的民族誌材料。在《神話學》四部曲頭兩部的論證裡，有一件事情舉足輕重：巴西中部神話中的美洲豹（牠通常是火的保管者，所以在烹飪的起源傳說裡扮演著關鍵角色）有一位人類妻子。李維史陀先是從卡耶波人（Kayapo）的一個神話裡抽取出美洲豹的這個特點，然後又認定它適用於許多鄰近的神話。但梅伯利－路易指出，他在阿皮納耶人（Apinaye）、謝倫特人和沙萬特人裡的報導人都斷然否認這種關聯性，指出美洲豹的妻子事實上也是美洲豹。

我在哈佛念書的一九八〇年代中葉，梅伯利－路易都還經常帶學生回到巴西中部持續做田野調查。研究生之間流傳著他的有趣故事：一回要出發前往巴西之前，他請全隊吃飯，席間突然提起《聖經．約翰福音》中「彼得三次不認主」的故事，然後模仿耶穌基督對彼得預言「雞鳴之前，你會三次不承認我」，對所有學生預言：「進到叢林後的第一個星期，你們之中會有三分之一的人背叛我，不管我叫你們做什麼，你們都不做。」大家嚇了一跳，不知何來這樣的預言，無論怎麼問，梅伯利－路易都拒絕進一步解釋。隊伍出發了，到了巴西，進了叢林，結果：梅伯利－路易的預言應驗了。差不多就是三分之一的人因為水土不服病倒了，就算沒有一星期，至少前三天虛弱臥床，什麼事也做不了。

我對李維史陀更進一步的仔細閱讀、理解，就是在這樣一位人類學家的課堂上進行的。

這才是自由討論

梅伯利—路易是個親切、熱心的老師。進研究所的第一年，我就選了他的討論課，隨後又跟他上個別課。儘管當時我的英語能力還不是那麼好，和梅伯利—路易上課卻很快就忘了緊張壓力。上了十分鐘，我已經自在得忍不住插入完全不相干的題外話問他：「有沒有人說過你長得很像史恩．康納萊？」老師立刻回答：「年輕時沒有，自從我開始掉頭髮後就有了。」

有一整個學期，梅伯利—路易開給研究生的「社會人類學」課程，都在討論李維史陀和結構主義。梅伯利—路易的研究室，和大部分人類學系的教授一樣（包括張光直教授），都在皮博迪考古與人類學博物館（Peabody Museum of Archaeology and Ethnology）裡。星期一下午兩點開始上課，我們幾個人從古老的樓梯爬上去，進到他研究室裡，幾乎毫無例外，梅伯利—路易坐在椅子上，臉一半朝向我們，一半朝向窗外。課程開始，他提出了第一個、第二個問題之後，如果外面有陽光，他就會突然起身，說：「Shall we go outside？」於是我們就又魚貫地跟在他後面，從古老的樓梯爬下來，推開厚重的大門，出到博物館外面有著幾棵大樹的草地上。

在草地上課，和在室內上課，有一項根本的差別——不會有固定的下課時間。離開研究室，好像同時也就離開了上下課鐘聲的管轄範圍，別人還在上課，我們就已經在非上課的空間了，別人下課從屋裡要出到草地上來曬太陽時，我們還能去哪裡？走回陰暗的屋內嗎？

這種介於上課與下課之間的曖昧氣氛，也就影響了我們討論的方向、討論的方式。老師的問題比在研究室時少得多，角色也輕鬆得多。一個問題丟出來，通常就能帶出幾十分鐘源源不絕的意見，這個人還沒說完，下一個人已經搶著表達看法了。梅伯利—路易也就樂於微笑坐在那裡聆聽，聽一聽，他有時甚至就在草地上躺了下來，閉目養神。還有些時候，我們經歷了一段最激烈、最專注的討論之後，才有人猛然發現老師不知何時已經靜靜地起身，在沒人察覺的情況下離開了。連老師都不在場，就更沒有人來為討論課叫停了。

天慢慢黑了，有事的人陸陸續續離開，剩下的最後兩個或三個，可能還移師到咖啡館或宿舍裡繼續說、繼續談。多麼令人懷念的知識探究與追求啊！

垃圾變黃金

關於李維史陀，梅伯利－路易第一堂課開了三本參考閱讀：利奇的 *Claude Lévi-Strauss*、帕斯的 *Claude Lévi-Strauss: An Introduction*，和西莫尼斯的 *Claude Lévi-Strauss Ou La*《*Passion De L'Inceste*》。

上課時，梅伯利－路易教授開頭就丟來一個問題：李維史陀和「詩」有什麼關係？為什麼三本關於李維史陀的書，三個背景很不一樣的作品，從不同角度出發，卻不約而同都提到了「詩」？

要是梅伯利－路易現在還活著，還繼續這樣教李維史陀，他應該會在書單上至少多加一本書，就是前面提到的威肯寫的李維史陀傳記，書名叫《李維史陀：實驗室裡的詩人》（*Claude Lévi-Strauss: The Poet in the Lboratory*）。

梅伯利—路易教授了解，這是研究生最喜歡的問題。因為擺明了不會有固定、標準的答案；因為這樣的題目不會有任何已發表的論文或專書可以參考，每個人都能發揮自己的智慧對這個問題形成意見；還有，因為每個人都有機會藉這個題目炫耀自己博學、聰明的程度。

那一下午，延續到晚上，展開了我記憶中最熱鬧、最精彩的討論課。前面引用的那段文字，只記錄了其中很小很小一部分的內容。這是個太有趣、深具啟發的問題，引出了許多讓我至今難忘的意見。

一個意見，是由「詩」和李維史陀的關係，追溯到「詩」和「人類學」的關係，再追溯回到探究「人類學」的根本意義。

什麼是「人類學」？「人類學」為什麼叫「人類學」——anthropology？「anthrop-」這個字首指的是「人類」，「-ology」這個字尾則是用來指涉「學科」、「學門」，的確，anthropology 就是「研究人類的學問」。但，什麼是「研究人類的學問」？或者該問：生理學、心理學、社會學，乃至於哲學、歷史、文學……不都是以人作為研究對象的學問嗎？這些學問不都應該包括在「人類學」中嗎？為什麼會有外於這些學科、單獨存在的一門「研究人類的學問」呢？

要解釋「人類學」之所以為「人類學」，我們必須回到一個人類共通性的信念上，才能找到其合理基礎。「人類學」和其他研究「人」的學科最大不同點，在於將「人類的集合現象」作為其研究對象，而不是研究個別的人、個別的人類經驗、個別的人類創作成果。去除了人與人之間的諸多個別差異，探求超越這些個別差異，人之所以為人、人類之所以為人類的道理。

在西方，「人類學」原本是哲學的一個分支，甚至該說是哲學的一種取徑，不成其為獨立的學科。然而從十字軍東征到大航海時代，西方近代思想不斷在時間與空間上拓展「人」的範圍。在空間上，歐洲人意識到歐洲以外還有其他人存在，其數量甚至超過歐洲人；在時間上，也意識到了早在古希臘之前就已經有人存在，而且不是一兩個、一兩百個，也不僅只存在三年五年、十年百年。

擴張的「人類」範圍，帶領「人類學」研究新的問題。原本的哲學方式，太依賴於人的思考自覺，很難包納不在希臘、羅馬到基督教傳統領域內的這些「新發現」的人。於是原先全稱的「人類學」，逐漸被改造來指向那些不在傳統哲學探究中的「人的現象」，關懷、解釋新開拓出來的人的領域。

一九五二年，李維史陀在紐約參加了「溫納—葛蘭基金會」（Wenner-Gren Foundation）主辦的會議，會中他半開玩笑地主張：人類學一直都是靠剩飯殘羹餵大，專撿其他學科不要的破爛。在中世紀，幾乎任何非歐洲的東西都被歸到人類學（某種哲學意義下的人類學）。後來，隨著古典研究勃興，主流學者開始把印度思想和中國思想劃入他們的地盤，於是，留給人類學的只剩下非洲、大洋洲和南美洲。到了現代，專業人類學更不斷地被推向邊緣，靠著在學術垃圾桶裡撿拾剩物維生。

在座的其他人類學家對他這種說法提出抗議，李維史陀不為所動，慢慢說出他的結論：「但相當弔詭的是，這個『拾荒者』最後卻撿到了黃金。今天，人類學正處於發現及重大真理的邊緣！」

是什麼造成了如此的命運大逆轉？讓「拾荒者」撿到黃金？那些被視為有

價值、應該被認真研究的主流學問，其價值本身就構成了通往更普遍的「重大真理」的阻礙。歷史、文學、哲學，乃至於生理學、心理學，都是依附於特定的文明上，才會容易地彰顯出其價值光彩，但也就因此，拖著背後的特定文明，這樣的學問不可能看清楚超越個別文明的「人類」。

第二章
人類學大轉向

離開安樂椅

在文明之外，另有「野蠻」。在「人」的範圍中，主流學科把各個文明分走了，留給「人類學」的，就剩下「野蠻」與「野蠻人」。歷史、文學、哲學、心理學、社會學……雖然都是研究人的學問，但這些學科的內在判準中，沒有將「野蠻人」視為人，沒有將「野蠻人」包括在它們對於人的研究裡。

在這點上，「人類學」顯現得格外突出。「野蠻人」當然也是人，而且唯有將「野蠻人」包納進來，我們才能夠真正找到「人之所以為人」的最大公約數，才能定義「人類」。排除了「野蠻人」，我們描述、理解的最大範圍，充其量只是「文明人」，甚至只有特定幾個文明之下的「文明人」，和「人類」有著不可併容的邏輯定義差異。

「文明人」的共性，不等於「人」、「人類」的共性。「人類學」以野蠻人為記錄與研究對象，不是為了對應「文明人」的共性，去找出「野蠻人」的共性。不是，「人類學」懷抱著更大的企圖，他們撿起其他學科忽略、拒絕、或無能力做的研究，補上關於「野蠻人」的認識與理解，如此才得到扎實的立場，可以綜合出「人是什麼」的完整答案。

並不是說黃金藏在破爛裡，而是只有全面地連垃圾桶裡別人棄而不顧的東西，都仔細認真看過調查過，我們才有把握沒有漏掉任何東西，才能趨近真正全稱式的知識。黃金，或說「人類學」念茲在茲追求的「聖杯」，是全稱式的對於人的知識。

這是「人類學」曾經存在過的偉大夢想、高遠企圖，也是李維史陀繼承的根本信念。然而，當他在一九三四年從法國馬賽啟航前往巴西的桑托斯港，同時也正式朝人類學啟航前進時，人類學內部正在發生著複雜且奇妙的變化。

那個時代，人類學者們最關心、討論得最熱切的話題，是「如何正確記錄並了解野蠻人」。十九世紀到二十世紀的大轉折、大變化，來自於對舊式「安樂椅人類學家」（armchair anthropologists）的不滿愈來愈強烈。「安樂椅人類學家」往往一輩子沒有離開過舒服的居家生活，沒有放棄過打獵、美酒、美食、餐後雪茄和鄉村俱樂部紳士閒聊的享受，沒有親眼看過任何一個「野蠻人」，純粹靠著傳教士、水手、冒險家、博物學家從海外帶回來的記錄資料，坐在書房的安樂椅上，就產生出各種對於「野蠻人」的歸納結論。

用這種方式產生的歸納結論可信嗎？如果「人類學」真的要尋找統整「人之所以為人」這種大答案的話，這些安樂椅紳士們的研究方法，相較之下未免也太兒戲了吧！沒有更好、更恰當的方法讓「人類學」站在比較尊貴、相稱可靠的知識基礎上嗎？

因緣際會，馬林諾斯基[1]提出了一套革命性的方法論主張，並且藉由他在南太平洋「超布連群島」（Trobriand Islands）的長期實際調查，精彩、有效地示範了這套新方法。

馬林諾斯基之後，人類學再也沒有「安樂椅學者」舒服存在的空間了，「參與式觀察」（participant observation）成了人類學家必備的訓練與經驗，以「參與式觀察」寫出的「民族誌」，同時也取代以前傳教士、水手、冒險家、博物學家的筆記、著作，成為人類學的根本材料。

馬林諾斯基革命

馬林諾斯基出生於波蘭，後來到倫敦政治經濟學院（LSE）求學，研究原始部落的交易行為模式。一九一四年，他前往新幾內亞做調查時，第一次世界大戰爆發了。短短幾天內，歐洲形成了兩大對戰陣營，一邊是德國和奧匈帝國，另一邊則是法國、俄羅斯和英國。英國參戰，使得原本歐洲各國間的衝突，升高為「世界大戰」——英國所有海外殖民地，理論上都成了戰區。

馬林諾斯基是奧匈帝國的公民，一夜之間，他不只成了英國的敵人，也成了管轄新幾內亞的澳洲的敵人。他不能回英國、不能留在澳洲，英國或澳洲政府也不可能協助他這樣一個敵國公民返回波蘭。

1 布朗尼斯勞・馬林諾斯基（Bronisław Malinowski, 1884-1942），波蘭裔人類學家。

澳洲政府善意的極限，是提供經費，讓他留在南太平洋的小島上做研究，等待戰爭結束。馬林諾斯基於是選擇了超布連群島作為「暫時」的棲居地，卻一待就待了一年多。他哪裡都不能去，哪裡都沒有去，得以對超布連島的原住民社會進行了長時間的觀察，進而由量變引發質變，發展出「參與式觀察」的新方法論來。

馬林諾斯基主張：要了解一個文化，必須要能「掌握當地人的觀點、他和生活之間的關係、確實理解他看待世界的方式」。人類學家不能只是採取過去的觀察態度，而必須同時是「觀察者」，也是「參與者」。「觀察者」是用外於、異於當地人的角度來看待他們的生活，帶著客觀或主觀偏見的評斷；「參與者」卻是透過參與學習、熟悉當地人如何看待自己的生活，用他們的眼光、他們的意義來了解他們的生活。

馬林諾斯基對超布連群島進行詳密調查之後，提出的獨到解釋，震撼了人類學界。一九二〇年代，人類學的知識基礎快速全面改造。不只是「安樂椅人類學家」明確地被取消資格、被淘汰了，要做人類學家就必須具備田野調查的經驗，而且人類學家還得在他要調查的地方待上夠久的時間，養成可以跳過二手通譯傳播、直接參與當地生活的能力，如此才有辦法「掌握當地人的觀點、他和生活之間的關係、確實理解他看待世界的方式」。要能用「參與式觀察」的方法，寫出進出「他們」和「我們」，或「他們主觀」與「科學客觀」之間互動對話的民族誌來，才算取得了人類學的入門資格，可以被視為人類學家。

合格的人類學家，隨時帶著雙焦的眼鏡看這個世界。用人類學的行話說，就是要同時具備emic和etic兩種不同焦距。這兩個詞，源自希臘文字根，分辨「內在」和「外在」，或「團體內」和「團體外」的意義，也可以更進一步說是「特殊的」和「普遍的」意義之間的差別。

Emic與etic的對照，是從語言學衍伸來的。語言學中有phonetic和phonemic的區分，phonetic記錄並分析客觀的、實際的語音；然而，在不同的語言系統中，什麼樣的語音具備區別意義，卻不是客觀、一致的。在這個語言系統中被認定有差異、會影響到語意的音，到了另一個語言系統中，很可能被認定是沒有差別的。在特定語言系統內部，區分語音是否有意義的標準，就是

phonemic。

舉個簡單且切身的例子，台灣通行的「國語」，和大陸使用的「普通話」，有些明顯的不同。台灣「國語」愈來愈傾向於ㄣ、ㄥ不分，也愈來愈傾向於取消捲舌音與不捲舌音的區別。因此在台灣，一個人說「仄樣」，另一個人說「這樣」，甚至一個人說「醬」，在客觀語音phonetic上，那是三種不一樣的語音；但在「國語」語言系統中，三者卻具備同樣的phonemic價值，共占一塊phonemic單位。

同樣的三個音，換到大陸「普通話」的系統裡，其phonemic的意義就必定要區分開來。客觀上同樣的phonetic現象，對不同語言系統的人有著不同的phonemic價值。

人類學家不能只記錄外在的etic現象，必須進入那個社會文化的網絡中，挖掘出這現象對當地人的emic意義。顯然，待得不夠久，和當地人混得不夠熟，就沒辦法進得夠深，獲取emic的焦距。

雙重焦距

馬林諾斯基記錄了超布連群島人一種奇特的交易贈禮行為，叫做Kula。他們每年固定都要耗費很大的力氣，甚至冒上生命的危險，駕著扁舟遠赴周圍的其他小島，去交換Kula——那是用貝殼編成的項鍊、手環或臂環。

從外界、客觀的角度看，這些被拿來交換的物品，並沒有什麼特殊的價值。在超布連群島間，項鍊、手環、臂環單純只能用來換其他的項鍊、手環、臂環，但既然每個島的居民自己都會做這些東西，又幹嘛跟別人交換？尤其是刻意冒險遠航去交換呢？

還有更難理解的，這些物件一直不斷持續在島民間贈送交換。這個人送來給你，你不會把它留在手中，感謝人家的好意，作為友誼的紀念。下一趟旅程，你就把這樣東西再拿出去送給別人。超布連群島十八個部落，形成一個固定的「贈送圈」，從A送到B再送到C……最終這樣東西又會送回到A的手中。大家忙了半天，奔波冒險航行，但任何人手上都沒有多出任何東西，而是處於一種無止盡的交換活動中。

也就是說，從etic的角度，我們記錄了一件缺乏意義的行為，訴諸於我們的理性，就只能勉強解釋成：習慣使然，即使沒有實質作用，但「野蠻人」就是會不理性地受到傳統、習慣的宰制，不思不考地延續沒有意義的行為。

但如果我們跟馬林諾斯基一樣，動用「參與式觀察」的態度，就會發現，在emic的層次，超布連群島的人賦予Kula極高的意義。在他們的價值觀念裡，Kula比任何有用的東西都更珍貴，有其不可動搖改變的交易方式。尤其若是有哪個島、哪個部落的人，沒有按照固定的方式，將一種物件順時針送，將另一種物件逆時針送，那可是天大地大的事。

與其說得到了Kula有什麼價值，不如說若是沒有送Kula，會損失多大的價值！

戴上人類學的雙焦眼鏡，同時具備etic和emic的視野，馬林諾斯基才得出了他的解釋：Kula是一套將超布連群島十八個部落鏈結在一起的重要制度。透過冒險遠航把Kula送到應該送去的地方，島民們顯示了自己對這個聯盟的效忠，也反覆加強了和其他部落之間的聯盟關係。正因為Kula沒有實質生活上的用處，對誰都沒有物質、生活上的必要性，所以特別適合用來表達純粹的組織團結意識。換句話說，表面上像是經濟交易的行為，其本質乃是政治性的，交換的不是物件本身，而是交換物件這個行為所代表的權力安排與分配。

光是以etic的眼光，或光是抄記emic的說法，都得不到這樣的洞見結論。那只有在etic和emic雙重焦距交替疊合中，才能夠浮現出來。

其實，這種雙重焦距不只可以用來看「野蠻人」的文化，它也可以用來看我們自己的文化。例如說：「尾牙」是一種什麼樣的儀式？傳統的說法是：每個月初一、十五要有「牙祭」，「尾牙」就是一年之中最後一個「牙祭」，所以特別擴大辦理，把本來就要有的、用來拜拜的「牙祭」食物，準備得更豐富一點，讓大家享用。

這種傳統理由，現在已經變成了etic的看法了；對每個參與者而言，「尾牙」的emic式內在解釋，不會是這樣。畢竟現在還有誰每個月「牙祭」兩次，又有多少人感覺到「尾牙」和其他初一、十五日子之間的關聯呢？「尾牙」對實際參加的人來說，是特別屬於公司、工作組織的活動，是每年一度的團結聯歡會。

擴大一點，將不同的etic和emic意義統合在一起，我們會得到對「尾牙」更精確的看法。現在的「尾牙」，真正的功能在於確認工作組織上的各種上下游隸屬關係。誰是上司、誰是屬下，在表演中，尤其是在抽獎活動中，清楚凸顯出來。誰能作弄誰，誰抽到獎時會有人大喊「捐出來」、「捐出來」，誰抽到獎時還會有人大喊「加碼」、「加碼」……其實都有清楚的分布。

不只如此，「尾牙」同時藉由誰向誰提供獎品禮物，確認了商業交易關係。平日商業交易的錢朝哪個方向流，到了「尾牙」，獎品禮物就從反方向流回去。平常是書店收了錢，將部分交給出版社，出版社再將部分交給印刷廠，印刷廠再將部分交給紙廠……於是，「尾牙」時，就一定是紙廠提供禮物給印刷廠員工抽獎，印刷廠提供禮物給出版社員工抽獎，出版社提供禮物給書店員工抽獎。

「尾牙」不只是一場熱鬧狂歡，「尾牙」是一種具備特殊功能的社會儀式。將etic和emic觀點結合在一起，我們才能更準確地辨識、理解這些社會儀式。

從普遍轉向獨特

馬林諾斯基之前，「安樂椅人類學家」習慣用自己的文化觀點來看待、評斷「野蠻人」的作為。他們不理會，也沒有條件去理會「野蠻人」的emic意義。如此一來，每個不同的「野蠻文化」，在他們眼中很自然就只是廣大的「人類文化」模式之中的一個例證罷了。這些「野蠻文化」沒有獨立的價值，只是被蒐集來示範、驗證普遍、龐大的「人類文化」。

於是過去的人類學家，熱衷於建造種種文化架構，像掛衣架一般，方便將不同的文化予以分門別類掛上去。他們研究「文化」，但不研究任何「個別的文化」。他們比較像是一個蝴蝶標本收藏者，不會對任何一隻蝴蝶有興趣有感情，抓到一隻蝴蝶時，首先考慮的是它和其他蝴蝶之間的異同，分析翅膀的大小、形狀、花紋，以便將這隻新的蝴蝶放進已存在的標本分類系統中。

馬林諾斯基推翻了這種標本分類式的研究法。「參與式觀察」要人類學家進入這個文化的內在意義中，學習像這些人一般生活、思考。人類學家不可能真正變成他所調查的部落居民，然而，在探索emic觀點時，他不得不努力取消自己身上原本的理性客觀思考、現代西方價值，盡可能認同他所調查的部落居民的想法。

如此一來，無可避免地，每個部落、每個「文化」的獨特性，會在人類學家心中烙下比以前深刻得多的印象。舊的人類學致力於把所有「文化」包納進一個大系統中，找到它們彼此的共通性；新的人類學，雖然沒有放棄進行文化普遍性的解釋，卻因為「參與式觀察」的實際經驗，而愈來愈重視、愈來愈強調每一個文化內部不同的emic意義，從而愈來愈凸顯文化的獨特性，而非共同性。

神奇地，短短幾十年間，人類學從一個最講究「人類」集體共通性的學科，轉到了這份價值的相反對立面，變成了最講究人類文化多樣歧異性，主張不同文化獨特意義的一門學問。

「人類學」的名稱沒有改變，「人類學」追求整理全面「人類」經驗的使命沒有改變，「人類學」以非主流文明的人與文化為對象的研究範圍也沒有改變，但在根本精神上，「人類學」卻轉了一百八十度，站到了對面去。

馬林諾斯基在一九四二年去世，過了二十多年，他的太太在一九六七年授權出版了他的日記，書名叫做《嚴格意義下的日記》（*A Diary in the Strict Sense of the Word*）。為什麼會取這樣的書名？因為他太太和出版社都預見了書中內容將會引起爭議。這批日記是馬林諾斯基在超布連島進行調查時寫下來的，他寫的時候絕對、百分之百沒有打算要給別人看、更別說要發表。他都死了四分之一世紀，離他寫日記的時間更是經過了半世紀，我們怎麼知道他「絕對、百分之百」在想什麼呢？

很簡單，從這本日記的內容判斷。在日記中，他表現了和民族誌、人類學著作中徹底相異的態度。他在日記裡發洩了許多對於超布連島人的厭惡、抱怨，乃至於深深的鄙視。如果光是讀他的日記，那簡直就是出於一個偏執的白人沙文主義者之筆，完全無法想像會和馬林諾斯基的著作有什麼關係。

所以說，這是《嚴格意義下的日記》。純粹寫給自己看，和他準備要給別人看的寫法截然不同的一份文件。

我們如何理解這件事？這本《嚴格意義下的日記》應該被出版嗎？還是最好永遠收藏起來，保留我們對馬林諾斯基原本純粹的人類學者形象？出版這本日記、讀了這本日記、明瞭了馬林諾斯基的「雙重面貌」，有意義嗎？

我的答案、我的判斷是：當然有意義。透過《嚴格意義下的日記》，我們更能領會馬林諾斯基建立的這套方法論有多重要。顯然，作為一個個人，馬林諾斯基一點都不想活在這些「土人」中間，對他們的生活有著很低、很糟的評價。但是馬林諾斯基對這套方法論的信仰與堅持，甚至壓過了他的個人感受。他知道、他以具體的生命掙扎主張：要做一個合格的人類學家，你必須取消帶在自己身上的社會、文化既有觀念，排除既有觀念的干擾，珍惜、尊重、彰顯這個文化的獨特性，這樣你才真正「參與」了這個部落，你才能獲得「參與式觀察」的成果。

馬林諾斯基用日記來發洩自己帶來的、和這個部落內在價值格格不入的判斷，以便讓自己具備進入超布連島文化、分享其內在獨特性的資格。

這又和過去的「安樂椅人類學家」構成多強烈的對比！「安樂椅人類學家」恣意地評斷、分類進入到手上的「野蠻人」、「野蠻文化」記錄，甚至不必先確認這些記錄是否真實，他不在意任何單一的「野蠻人」、「野蠻文化」，他的成就在於那套普遍的大理論、大結構，如果有什麼記錄過於獨特，和他的普遍理論不相合，他會毫不遲疑地將那些記錄拋開丟到一邊去。

讀了馬林諾斯基的《嚴格意義下的日記》，非但不會減損我們對他的敬意，還使得我們更能體會他衛護這套方法論、堅持各個文化的獨特性的強烈用心。

忘了我是誰

馬林諾斯基改變了人類學調查的書寫方式。在馬林諾斯基之前，去做田野調查的人類學家將自己視為客觀的、外在於所要調查的環境的。去的時候，人類學家是個客觀冷靜的白人學者；離開時，他仍然是那個客觀冷靜的白人學者。從頭到尾，他努力去除自己的主觀來觀察、記錄這個異文化，同時也保持距離，不讓這個異文化在他身上產生什麼影響變化。記錄者和被記錄者之間，沒有互動。

馬林諾斯基之後，不可能再用這種方式來寫「民族誌」。為什麼要花那麼多時間做田野調查？因為需要時間讓一個明顯外來、與當地環境格格不入的學者，慢慢模糊了他的外來身分，和當地社會、住民生活產生關係，打開「參與」的可能性，才能從中間得到所需的emic觀點。

剛剛進入調查的環境中，調查者多半會因為水土不服而被擺平幾天。接下來幾天，身邊能接觸到的都只是好奇、乃至恐懼的眼神與態度。不管走到哪裡，外來調查者的存在就立即改變了當地人的生活，於是他無論如何都看不到、經驗不到真實的、正常的生活。非得要等充分的時間過去了，被調查者逐漸習慣了，不再對調查者感到那麼驚訝、異常，調查者才有機會和這個社會建立稍微正常些的關係，才能取得觀察正常文化現象的立場。

一個原本外來的研究者，在時間中取得了恍惚、曖昧的新身分，他似乎進入了部落中，成為部落裡的一分子。說「似乎」，因為他永遠不可能真正成為部落的一分子，然而部落的人習慣了他的存在，在大部分時刻不會再因介意他的存在以至於改變了原有的行為，並且在某些時刻遺忘了他的外來異質性，以對待一般族人的方式對待他。如此，他才進入了「參與」的狀態，他的觀察也才符合「參與式觀察」的要求。

這樣的改變還不是單面的，只發生在部落的人如何看待人類學家。從相反方向看，這個人類學家也必須習慣這樣的異質環境，不時遺忘了自己原本和這個環境間的巨大距離，在某些場合、某些瞬間，誤以為自己就是、一直是這個社會的一分子，他也才能取得掌握emic意義的能力。

新一代的「民族誌」記錄異文化的同時，也記錄了這位調查撰寫「民族誌」的人類學家的改變。馬林諾斯基之後，「民族誌」的地位大為提高，「民族誌」的性質也徹底改變了。馬林諾斯基之後新出道的人類學家，幾乎都要先寫一部精彩的「民族誌」，才算入行，獲得承認與重視。

要寫出精彩的「民族誌」必須具備幾項條件：你調查的這個部落要有特色，你參與在其中的過程經驗要有特色，而且你還能找到有特色的方式描述、討論那樣的過程與經驗。

從獨特轉向結構

馬林諾斯基建立了二十世紀「英美社會人類學」的傳統。二十世紀同時是西方大學快速擴張的時代，尤其是社會科學的成長，更是驚人。於是從一九二〇年代之後，英美大學增設了許多人類學系、人類學研究所，訓練出一代代人數愈來愈多的人類學研究生。這些人遵從馬林諾斯基建立起來的規範，每個人都要離開都市、離開熟悉的文明，去到一個相對落後、蠻荒的地方，找到一個相對原始的部落，在那裡居留一段時間，盡力參與、用心觀察，然後將「參與式觀察」所得帶回來，寫成一本「民族誌」。

不同文化的「民族誌」記錄快速累積，每位「民族誌」的作者，都小心地保留了自己調查的那個部落文化的獨特性，絕對不以英美社會、都市文明、西方人際關係、現代生活便利為標準來予以評斷，也不會輕率地拿某種普遍的價值來予以衡量。做不到這樣的節制、收斂，作者就通不過學門的考驗，無法順利成為一個人類學家。

「民族誌」累積得愈來愈多，對於人類文化的獨特、獨立樣本愈來愈豐富，累積到某個程度之後，難免要問、要檢討：「然後呢？就這樣一直加上去、堆上去，為了什麼？我們又要拿已經累積的這些樣本幹嘛呢？」

有很強的力量促使人類學家繼續到處帶回更多的樣本。現代文明、工業化、都市化不斷在破壞傳統的弱勢文化，隨時都有舊部落瀕臨滅絕，也就隨時都有要人類學家趕緊去透過「參與式觀察」來搶救、保留這些文化資料的需求。但畢竟也有像李維史陀這樣的人，維持著過去的「普遍人類知識」的夢想，回頭堅持問：「我們要拿已經累積的這些樣本幹嘛呢？如果不能從這些樣本中整理、抽取出對於『人類』的某些普遍認識，又何必費那麼大力氣去蒐集、記錄呢？」

李維史陀找出了一種方式，讓人類學重新正視「人類」的共通性。他當然不是「安樂椅人類學家」，他主張的人類共通性，也絕對不是把人類學家熟悉的西方觀念、西方價值直接套到「野蠻人」身上——關鍵在於李維史陀不怕去探索人類的共通性。在人類學已經將文化獨特性抬得那麼高，深深懷疑所有普遍性的主張時，李維史陀勇敢且聰明地提出他的全新「結構」觀念，來伸張人類學的普遍性關懷。

如此，我們找到了李維史陀和「詩」與「詩學」（poetics）之間的第一個連結可能。「詩學」中一直有著一個神祕卻確切的主張，認為詩既是詩人獨特個性的迸發，又必定碰觸到人間的共同深層感受。詩的成立，就在於詩人找到了一種方式，用別人從來沒寫過的語句，寫出了大家都能有所共鳴的刺激。詩憑什麼能如此完成個別與共同的結合？應該是憑藉著語言內部某種充滿近乎無限彈性，卻又始終不離有限固定結構的規則吧！

回溯西方「詩學」的重要源頭——亞里斯多德，我們會發現一項淵遠流長的比較，關於詩與歷史。在亞里斯多德的哲學架構中，詩的地位高於歷史。歷史記錄的是現實發生的事，是雜亂的實然現象，詩卻經過了消化整理，在此之上創造出「真實」來。詩比歷史更「真實」，因為詩經歷了萃取、提煉的過程，排除掉了莫名其妙不相干的情節、事件。只留下最純粹的經驗、感情，以及對古希臘人來說最重要的——命運。

詩所記錄、所表達的，不是現實，卻比呈現現實的歷史更「真實」。這份「真實」，很顯然指涉著某種普遍的感受、道理、規律，需要詩人穿越重重干擾的塵霾迷霧，才能如火中取炭般，令人佩服、讚嘆地捕捉出來。這不也就是李維史陀透過分析龐大民族誌資料去刻劃「結構」，所要做的嗎？

第三章

進入憂鬱的熱帶

地質學、佛洛伊德、馬克思

李維史陀和「詩」的第二重關係，應該從他和語言、語言學的密切關係中去探尋。

作為一個人類學家，李維史陀成長、成熟的經驗，很不一樣。處於馬林諾斯基之後的時代，又早早被英美人類學所吸引，照道理說，這樣的青年人類學研究者最重要的「通過儀式」[1]——學術人格上的成年禮——必然是那一趟遠赴原始部落，進行「參與式觀察」的旅程。

但李維史陀不一樣。在《憂鬱的熱帶》書中第六章「一個人類學家的成長」，我們讀到他對自身知識追求背景的說明。成長的第一個影響因素，是對哲學的幻滅與厭惡。

（哲學）體系並不是要發現什麼是真什麼是假，而是要了解人類如何慢慢克服一些矛盾。哲學不是科學研究的僕人與幫手，哲學只是意識對意識自身所做的某種美學上的沉思。

另外一個重要的因素，是由佛洛伊德理論和「地質學」古怪地結合所構成的。

我開始熟悉佛洛伊德的理論時，很自然地把他的理論看作是「應用地質學方法來分析個人」。不論是地質學或心理分析（精神分析），研究者最初都發現自己面對著看來完全無法了解的現象；為了掌握、挖掘某個非常複雜的現象之成因，研究者必須具備很細膩的特質，像是敏感、直覺和鑑

1 rite of passage，譯為「通過儀式」或「過渡儀式」，這是文化人類學象徵學派的重要主張，此派認為人類的所有生命儀式可區分為三種主要性質：分離、聚合與過渡。

別力等等。除此之外，在那些看似無法理解的一團現象裡面所找出來的秩序，既不會是臨時權宜性的，也不會是偶然任意性的。

除此之外，還要加上馬克思。

馬克思證明社會科學的基礎並不是建立在各類事件之上，正如物理學的基礎並非建立在感官所能覺察到的材料一樣：做研究的目的，是為了建造一個模型，要研究其性質，要研究在實驗室的條件下會產生哪些不同的反應，以便日後能以觀察所得的結果來解釋經驗世界裡實際發生的事。

……馬克思主義的方法和地質學及心理分析（精神分析）的方法相同……這三門學問都闡明了「理解」就是把一種「事實」化約為另一種「事實」，闡明了「真實的事實」常常不是最顯而易見的，闡明了真理的本質早已存在於它小心翼翼維持的不可捉摸性裡頭。

很清楚，李維史陀的背景，使得他不可能把人類學當成一門「實證知識」。他認定的「真正知識」、「真實的事實」、「真理」，不可能藉由整理「表面現象」來獲得；我們不能從地表的植被看出地質成分、不能從一個人的日常反應了解他的心理、不能從新聞與制度判斷一個社會的基本性質。對李維史陀而言，潛藏、不可捉摸的知識，形成了地質學、佛洛伊德精神分析與馬克思主義的交集之處。他將自己放置在這個交集裡，也要把人類學放進這個交集中來處理。

於是，我們也就不意外他看待旅行、探險、田野調查的角度，和其他同代或後代的人類學家，如此不同。《憂鬱的熱帶》全書開頭的第一句話是：「我討厭旅行，我討厭探險家。」

他顯然也不喜歡田野調查。仔細讀過李維史陀原始田野筆記的威肯在《李維史陀：實驗室裡的詩人》書中，直接這樣告訴我們：

與他十五年後在《憂鬱的熱帶》裡所做的那些生動記述相比，他的田野筆記顯得像是流水帳。例如，在跟南比克瓦拉人[2]首度接觸之後，他只在筆記本裡寫下像是交差了事的幾句話：「見到原住民，並分送小禮物。吃晚餐。晚上前去拜訪這些印地安人。唱歌跳舞。」在這些簡短和不連貫的記錄之間，李維史陀常常會插入一些抱怨田野工作的苦水……他也喜歡一廂情願地把看到的風景類比於自己祖國的風光……他日後承認：「我的筆記做得很粗糙，看到它們這樣胡亂湊在一起，讓我深感惶恐。」

李維史陀並不是通過「參與觀察」印第安人生活的田野經驗，而變成一個人類學家的。毋寧說是通過認識了一位語言學家、仔細閱讀了另一位語言學家的著作，李維史陀才找到應付田野經驗的途徑，才成長為我們後來看到的那個人類學家。

向語言學取經

李維史陀認識的語言學家，是雅各布森[3]。二次世界大戰期間，他們一個從法國流亡、一個從俄羅斯出走，在美國紐約巧遇。雅各布森精通十多種語言，包括法語，能夠用流利的法語授課（當然也能用流利的法語和李維史陀聊天），而且他還是個詩人。

雅各布森引領李維史陀認識了由偉大的語言學家索緒爾[4]開創的「結構語言學」。李維史陀在訪談中曾說：「雅各布森所鑽研的學科就像偵探小說一樣

2 Nambikwara，生活在巴西亞馬遜流域裡的印地安族群，目前僅剩約一千二百人。

3 羅曼・雅各布森（Roman Osipovich Jakobson, 1896-1982），他是二十世紀的重要語言學家，也是語言結構分析學派的先驅。

4 弗迪南・德・索緒爾（Ferdinand de Saussure, 1857-1913），瑞士語言學家，被譽為「現代語言學之父」。

把我深深迷住。我覺得自己參與了一場偉大的心靈探險。」

「參與」、「探險」，人類學家的關鍵詞，李維史陀竟然是用來形容他和「結構語言學」的相遇！

索緒爾將語言分成 la langue 和 la parole[5]，後者是我們實際說出的語言，裡面有著各種字詞和各種語意，千變萬化；前者則是語言的抽象系統，管轄語言與意義關係的基本規則，相對而言是固定、有限的。後者是語言的現象，前者則是語言的結構，兩者很不一樣。

孩童在母語環境中學習語言，和大人學習外國語，最能具體顯現 la langue 和 la parole 的差異。孩子的學法絕對比大人快得多，有效得多。因為孩子的學法，是直覺地吸收了 la langue，一條條的語法模式，然後將各種不同詞語套進模式中，去試驗這樣產生的句子有沒有意義。孩子不是一句話一句話學的，他們是先學會了構成一句話的基本結構，學會了不同字詞的結構位置與功能，然後在自由的拼湊試驗中，掌握了愈來愈豐富的表達能力。大人失去了學習 la langue 的本能，只能從 la parole 著手，這句話怎麼說、什麼意思，那句話又怎麼說、什麼意思，如此辛苦累積，當然學得慢，而且常常還邊學邊忘。

孩子可以快速領會語詞和語詞間的結構關係，不需要具體的語詞，直接領會結構。他不需要理解「爸爸」、「湯匙」、「手」、「喝」、「湯」每一個詞的意思，藉由聆聽大人說「爸爸用手拿湯匙喝湯」時，小孩一面對應這句話所描寫的動作（語言的 la parole 部分），一面領悟這個句子排除掉具體語詞後仍然存在的抽象結構關係。幾分鐘之後，他聽到「國家用戰爭要脅人民要服從」，這句話他百分之百不可能了解其意思，但對他學習語言卻絕非沒有作用，他會從大人說話的方式、語氣，辨識出這句話和前一句話之間的結構共通性。這種結構語言學主張的「天真的能力」，後來就被李維史陀挪用來描述「野性心靈」，說明他們和文明人之間最大的差別。

索緒爾結構語言學的形成，解放了在十九世紀變得愈來愈茫然的語言學研究。李維史陀興奮地發現，索緒爾之前語言學遭遇的困境，跟他當時感受到的

5 la langue 和 la parole 為法文，譯成英文為 the language 和 the speaking。

人類學氣氛，極其相近。那個時候，語言學家調查、研究了世界上的諸多語言，累積了豐富材料，漸漸感到被排山倒海而來的語言記錄壓得喘不過氣來，不曉得該怎麼整理、更不曉得該怎麼邁出下一步。索緒爾給了明確的指引——別沉迷在現象 la parole 中，再多的現象都不能幫助我們接近語言的核心，那塊核心在結構 la langue 上，探索 la langue 來整理 la parole，進而整理、萃取不同語言的結構，來探求跨語言的大結構，大寫的、終極的 La Langue。

我們不需要收集、理解兩千種語言，我們要的，是把兩千種語言視為 La Langue 的不同結構衍生例證，於是透過兩千種語言的複雜現象，回頭想辦法還原 La Langue。不是看詞語和句子，而是看詞語和詞語間、句子和句子間的關係。不是看語言文法，而是看不同語言文法彼此之間的關係。關係取代了物件，成為重點；或者換個方式說，擺脫了物件，凸顯出物件與物件間的關係，我們才能找到結構，才能真正理解語言。

探索基本結構

「結構主義」、「結構主義人類學」不是李維史陀發明的。他的「結構」觀念，是從雅各布森上溯索緒爾那裡拿過來的。他的創意發明，是將這套語言學的結構論，用在處理人類學的材料上，改變了人類學要問的問題，以及人類學家回答問題的方式。

接受了語言學的啟發之後，李維史陀寫的第一篇論文直接就叫做〈語言學與人類學中的結構分析〉[6]。短短的文章中，李維史陀清楚地選擇了親屬研究領域作為將語言學結構分析用在人類學上的第一步。然後他由此啟航，興奮地開始撰寫他的博士論文《親屬關係的基本結構》[7]。

6 “L’analyse Structurale en Linguistique et en Anthropologie”，一九四五。

7 *Les Structures Élémentaires de la Parenté*，一九四九。

後來完成的論文中，李維史陀引用的文章和著作，總數高達七千種，真是嚇人的數字！這除了顯示李維史陀在人類學文獻上所下的驚人工夫之外，同時戲劇性地張揚了人類學在那個時候的「豐饒的窘迫」。那麼龐大的記錄、論文，到底為了什麼？誰能讀這麼多文獻，讀了又能怎麼樣呢？能找到什麼方法來整合並掌握這些文獻的訊息與意義嗎？

李維史陀驕傲地示範了新的「結構分析」的威力。從澳洲的阿納姆地[8]到印度的阿薩姆邦[9]、從斐濟到祕魯，那麼多關於親屬關係的材料，在別人手中，頂多只能做成圖書館的書目清單，李維史陀卻能將它們重組進一個乾淨漂亮的模式裡，神奇地環繞著這個模式而存在。

這個「親屬關係結構」的模式，由幾條規律管轄：

第一條：每個文化都會有一套系統，區分出「可能的配偶」和「禁忌的配偶」兩大類。根本核心是「亂倫禁忌」，循著亂倫禁忌而產生了一組親屬分類原則。

第二條：每個文化都會規範應該將自己的女人送到哪裡去，又從哪裡找來婚配的女人。這裡面有固定的give and take的方向，不會隨便，更不會亂。女人的give and take交換，同時就讓部族和其他部族產生有規律的結構性聯盟關係……**歸根究柢，親屬關係不過就是由兩個男人和兩個女人構成：其中一個男人是債權人，一個男人是債務人；一個女人是被收受者，另一個是被給予者。**

這套「親屬結構」和語言相近，婚姻的「交換」等於語言的「溝通」；語言中用來溝通的「字詞」也就等於親屬關係中被交換的「女人」。也和語言一樣，親屬關係是一種集體潛意識的規範，反映了人類心靈內在運作的方式。藉由交換女人所形成的親屬關係，人類建構了複雜的權利義務關係，強迫彼此互

8 Arnhem Land，位於澳洲北部海岸線中點。
9 Assam，位於印度東北角。

相合作。當你自以為在說話表達「我的意思」時，其實你總是被語言的潛在結構規範著，逃離不了；同樣的，你以為是自己在決定婚姻選擇時，其實底層的親屬結構邏輯卻用你沒有察覺、甚至不願察覺的方式在決定著你的選擇。

李維史陀說：

> 時至今日，人類仍然夢想可以抓住一個稍縱即逝的瞬間，讓自己相信，（親屬）交換的法則是可以規避的，一個人可以只取不予，可以只享受而不分享……這只是個永遠不會實現的夢，夢中的世界你可以自外於他人。

《親屬關係的基本結構》書中引用的文化記錄，廣延到涵蓋了亞洲、西伯利亞、大洋洲，而且李維史陀主張，他之所以選擇這個區域作為討論範圍，是因為這裡的部族親屬關係傾向於維持「基本結構」，也就是說，其他區域看起來比較複雜、比較文明、比較華麗的親屬結構，其實不過就是在這樣的「基本結構」上增加了一些容易讓我們感到眩惑的裝飾罷了。

「基本結構」是普遍的、共通的，可以貫串過去上百年來人類學家辛勤累積起來的民族誌記錄中有關親屬的部分。只要我們懂得從語言學那裡借來關於「結構」的眼光，突然之間，汗牛充棟的人類學文獻就有了可以統一破解的辦法了！

所以李維史陀和「詩」可能會有的另一層關係，是透過語言，透過他對語言的敏銳。和其他學者不一樣，語言、文字不只是他用來描述現象、傳遞論辯的工具，語言、文字更是他用來破解現象、組構論辯的依據。

第四章

曖昧如詩

只能用詩來描述

李維史陀和「詩」之間可能有的第三層關係，相對最表面、最容易察覺的，是他的文字中帶著濃厚的「詩意」，有些段落簡直就像詩一般。他的文字絕不乾澀，更不枯燥，和大部分學者——不管是哪個學科的——寫出來的東西大異其趣。

不過這種「詩意」，其實要到《憂鬱的熱帶》這本書中才湧現出來。《親屬關係的基本結構》裡可沒有。這也就是為什麼在李維史陀所有作品中，《憂鬱的熱帶》流傳最廣、讀者最多，產生的影響也最大。

《憂鬱的熱帶》書中第七章「日落」，和人類學一點關係都沒有，純粹是一長段李維史陀當年第一次搭船橫渡大西洋時，在船上目睹感受落日變化所寫下的筆記。在這裡沒辦法全引這段長文，但不妨看看威肯的濃縮說法：

有一次，他看到落日像一團顏色融化在海面之後，寫下了一篇頗長的抒情性文字，後來收入《憂鬱的熱帶》。就像許多銳意創新的少作那樣，這篇文字的文學技巧令人目不暇接，連篇都是意象、比喻和觀念。在一共七頁（中譯本更長達十一頁，近萬字之多）的篇幅裡，他先後把雲比擬作金字塔、青石板、史前墓石牌坊、空中的暗礁、蒸氣瀰漫的洞穴，甚至還一度把雲比作八爪魚。天空被他描繪為一層層看不見的水晶、一些虛無飄渺的城壁，散發著各種顏色：朦朧的藍色、「粉紅與黃色；蝦紅、鮭紅、亞麻黃、草黃」。文中甚至用了一些來自歌劇的比喻：泛光燈、舞台布景和事後演出的「序曲」（舊日的歌劇顯然有這種演出）。這是一個用力過猛的文學實驗，但其中一些風格化元素日後將會在李維史陀的其他作品再度出現。就連在他那些最難啃的學術文章裡，李維史陀仍然雅好描繪細節和使用比喻，以及對自然的形式與過程表現出莫大興趣。

李維史陀曾經如此致力於文學實驗，他對於文字的重視程度，不只遠高於人類學者，甚至比一些文學寫作者都更高。他從來沒有要為了學術著作而犧牲他那種極度風格化的文字，也不會為了讓作品更明確而避免使用充滿想像力的比喻。

倒過來，在《憂鬱的熱帶》中，他創造了一種說法，把威肯認定的「銳意創新的少作」、「用力過猛的文學實驗」和人類學、和田野調查聯繫起來。

李維史陀回憶那段船上生活：

帶著生手的天真，每天我都站在空蕩蕩的甲板上，與奮地望著那片我從來沒有看過的那麼寬廣的地平線，花上好幾分鐘的時間極目四望，觀看整個日出日落的過程，猶如大自然巨變之起始、發展與結束。如果我能找到一種語言來重現那些現象，如此千變萬化又如此難以描述的現象的話，如果我有能力向別人說明一個永遠不會以同樣的方式再度出現的獨特現象的階段和次序的話，那麼——當時我是這麼想的——我就能夠一口氣發現我這一行裡最深處的祕密：不論我從事人類學研究的時候會遇到如何奇怪特異的經驗，我還是可以向每一個人說明白它們的意義和重要性。

他的意思是，透過那樣的文學實驗，他終將掌握一種無所不能的文字，可以把本來無法被記錄下來的獨特現象、本來無法被表達的情緒與道理，都予以說明清楚。對語言、文字的高度信心，熱衷於描述那無法描述的，表達那別人認定無從表達的，這本來就是一種詩人的態度，一種詩的追求態度。

帶著這份語言、文字的自信，詩人必然比一般人更有把握、更勇於探觸、開發那些無法描述的現象、無從表達的經驗，難免產生一種對平凡而容易描述、表達的事物的不耐煩。李維史陀亦復如此，帶著詩人的文字武器，帶著詩人的自信，他要看的、要經驗的，要從經驗冒險中活著帶回來訴說給世人聽的，就必然和其他人類學家大大不同。

詩學式成就

前面提過，馬林諾斯基提倡的「參與式觀察」催生了新的「民族誌」書寫風格，有別於過去「無我」的客觀姿態，新的「民族誌」中加入了人類學家的主觀經驗，成為一種「有我」的寫作。

李維史陀站在這個寫作傳統上。不過他的《憂鬱的熱帶》將「有我」的特性推到了極端。「我」不只從頭到尾貫串，而且始終清晰明確，乃至罩蓋過了他要記錄的觀察對象。

李維史陀是個「文體家」，尤其是在《憂鬱的熱帶》裡，他創造了一種空前獨特的文體。一種不只前無古人，就連《憂鬱的熱帶》成為國際暢銷書，大半世紀過去了，也都很難有人能夠追隨、模仿的文體。這是「詩」，這是「詩學式」的成就，必須從「詩」與「詩學」，而非描述或論理的角度來欣賞的成就。

《憂鬱的熱帶》放進了大量的學術討論，深刻呈現了李維史陀的人類學思考，但這不是一本一般意義的「學術書」，絕對沒有「學術書」慣有的那份乾澀與無聊。《憂鬱的熱帶》也不是一般意義的散文，雖然李維史陀講究文字之美，也嘗試了許多實驗性的文句，但這本書承載的知識分量，具備的知識濃度，完全不是普通散文作者做得到的，也不是一般散文讀者有辦法消化的。

《憂鬱的熱帶》有著強烈的遊記成分，李維史陀用他的筆，跟隨自己的記憶走了一趟巴西。但李維史陀在書的開頭，卻明確地嘲弄了那種刻意顯示遠方經驗的作法，和「遊記作者」劃清界線。而且《憂鬱的熱帶》還真不是用慣常的遊記模式寫的。第一章標題雖然叫「出發」，但文章中旅程卻沒有出發，要等到第七章，那趟一九三四年從馬賽到桑托斯港的航程才真正開始。在第七章之前，李維史陀給我們的，是一片混雜了多重時間，穿梭於不同航程的片段記憶，夾敘夾議的迷離文字。

我們無法將《憂鬱的熱帶》歸類。更奇特的是，就連李維史陀自己，都沒有辦法複製《憂鬱的熱帶》的文字、文體。

而且這本書裡放進了太多一般遊記裡不可能有的豐富學術內容，甚至不只是人類學的學術知識與討論。大塊大塊的學術內容破壞了讀者對於遊記敘述的預期，更混淆了他們心中原本假定的遊記式結構與順序。

我們也沒辦法安心地將書中的文字看作散文或隨筆。因為字裡行間充滿的不是感觸，而是洞見。李維史陀所動員的，不只是感官感受，更多的是思考腦力，不斷堆疊潮襲而來的分析、推論、洞見、斷言。

在英國的文學傳統中，有一種被戲稱為「asshole reflections」的文章，意指那種老愛炫耀自己有想法有觀點的王八蛋們寫的「反思」文章，故意表現、凸顯自己和別人在思考上的不同。《憂鬱的熱帶》在很多地方讓人聯想起「asshole reflections」，但李維史陀的reflections相較之下，卻是重量級的，不是隨手拈來的小聰明，裡面有逼著讀者不得不停下來仔細理解、消化的知識分量。

沉重的分量，來自李維史陀的原創性。書中有很多地方會使讀者感到訝異，對李維史陀這樣想、這樣聯想、這樣分析、這樣推論、這樣或睿智或獨斷地下結論，感到不可思議。

喜愛、熟讀《憂鬱的熱帶》的讀者，很容易受到一種失落感襲擊。你興致沖沖地去找李維史陀的其他著作，像是《野性的思維》或四大冊的《神話學》（《親屬關係的基本結構》因為書名太硬了，或許不在考慮範圍），充滿期待地打開來讀，卻不得不失望地承認，這些都不是《憂鬱的熱帶》的同類。

但我們不能否認，有一份不屬於「正常」學術文獻的精神，一份格外活潑佻達的風格，貫串在李維史陀所有的作品中，只是在《憂鬱的熱帶》中以最醒目、最自由的方式全面對我們襲來，征服了我們。

曖昧歧義的力量

《憂鬱的熱帶》第六章結尾處，李維史陀提到了三位曾經影響他的美國人類學家——羅維[1]、克魯伯[2]和鮑亞士[3]。他說：

1 羅伯特・H・羅維（Robert Harry Lowie, 1883-1957）。
2 阿爾弗雷德・L・克魯伯（Alfred Louis Kroeber, 1876-1960）。
3 法蘭茲・鮑亞士（Franz Boas, 1858-1942），被譽為「美國人類學之父」。

……他們代表一種知識層面上的「綜合」，反映出四個世紀以前哥倫布抵達美洲以後才得以出現的種種綜合：把一種可靠的科學方法與新世界所提供的獨特實驗領域結合起來的綜合……

我在這裡稱讚的不是一個知識傳統，而是一種歷史情境。能夠實地去研究那些仍然未被認真研究過的社會，而且是保存得相當完好、一切破壞才剛剛開始的社會，那一定具備異乎尋常的方便和優點。

這段話是對於人類學在美國發展的分析，一段相對尋常的話。然而就在這後面，李維史陀接著說：「讓我說個小插曲來表明我的意思。」他說的插曲是：

某個加州的野蠻部落，整族被屠殺，只剩下一個印第安人奇蹟般地活了下來。他在幾個稍大的城鎮附近活了好多年，沒有引起任何人的注意，他仍然敲打石片製造狩獵用的石鏃。可是動物逐漸全消失了。有一天，有人在某個城郊邊緣發現這個印地安人，全身赤裸，即將餓死。後來他到加州大學當打雜工人，安詳地度其餘生。

加上了這一段「插曲」，尤其是這章文字嘎然終結在這裡，就使得前面原本看來平常、正常的表達，變得不一樣了。突然之間，「能夠實地去研究那些仍然未被認真研究過的社會，而且是保存得相當完好，一切的破壞才剛剛開始的社會，一定是個很不尋常的方便和優點」這句話好像不能再用平常、正常的方式理解了。李維史陀真的覺得那是「方便和優點」？還是以反諷的語氣說的？那是怎樣的「方便和優點」，可以目睹、甚至參與破壞這些社會、屠殺印第安全族的「方便和優點」？還是就算一個印第安部族都被屠殺了，人類學家還有機會在自己工作的大學裡，意外遇到一位倖存者的「方便和優點」？

李維史陀究竟表明了什麼？在「讓我說個小插曲來表明我的意思」之前，我們還自覺頗能了解他的意思，但讀完小插曲之後，我們反而就再也不清楚他在「表明」什麼了！這不是一般的「表明」，至少不是一般學術的「表明」，毋寧是模糊、搞混，或說藉由模糊、搞混，讓本來單向單層次的文字，立體多樣起來。這顯然是文學，而不是科學的手法。

聽過燕卜蓀[4]這個名字嗎？他是中國抗戰時期「西南聯大」的名教授，可能也是「西南聯大」所有教授中，國際學術地位最高的一位。他不是中國人，是個對東方抱持高度好奇與好感的英國人。他原本接受了北京大學的邀請到中國教書，抵達之後，卻發現北京已經不再是中國人的北京，而是落在日本人的控制下了。於是，抱著打字機和一口小提箱，燕卜蓀毅然加入了北大南遷的行列，一路到了雲南昆明。

早在到中國之前，燕卜蓀在一九三〇年就出版了一本重要的書，《曖昧歧義的七種型態》（*Seven Types of Ambiguities*，或譯為《朦朧的七種類型》），書中透過對英國浪漫主義詩人的研究，整理了這些詩人用來創造「曖昧歧義」的七種主要手法。這本書，後來成了英美文學界「新批評」潮流的重要奠基之作。

我們不用一一追索、記誦燕卜蓀所提的七種類型、手法，然而在閱讀《憂鬱的熱帶》時，不妨將這個概念隨時存記心中——「曖昧歧義」是文學作品，尤其是詩的重要資產，也是關鍵的感動力量來源。而李維史陀既不耐煩於表述暢明單義，且擅長於動用各種方式在文章中創造曖昧歧義，那是內在於他的文體風格中，無法割除的一部分。

從除魅開始

《憂鬱的熱帶》出版於一九五五年，經過了六十年，從文體上看，這本書仍然是one of a kind。不是沒有人模仿過《憂鬱的熱帶》的寫法，這本書快速成為國際暢銷書，必然刺激出許多追隨者，然而那麼多人前仆後繼仿襲，卻幾乎沒有任何一本書被公認可以和《憂鬱的熱帶》擺在一起，認定為屬於《憂鬱的熱帶》的同類著作。

4 威廉・燕卜蓀（William Empson, 1906-1984）。

六十年後，人們仍然抱持著既崇拜又疑惑的心情接觸、閱讀《憂鬱的熱帶》。疑惑來自於不知該以怎樣的預期來讀這本書，不知自己過去讀過的什麼書可以幫助我們定位、定性這本書。這種文體、這個文類沒有名字，因為一直只有這麼一本書，所以無從成類、無從命名。就連李維史陀自己的其他著作，除了《野性的思維》[5]稍稍接近些外，也都和《憂鬱的熱帶》有著明顯差異。

馬奎斯[6]的《百年孤寂》給人震撼的閱讀感受，但是我們可以藉由了解「魔幻寫實」來消化、處理原先的陌生震撼。喬埃斯[7]的《尤里西斯》讓人在閱讀中困惑疑沮，寸步難行，但是我們可以藉由了解「現代主義」與「意識流」來處理困惑，找出往下閱讀的策略。

《憂鬱的熱帶》卻沒有這種可以方便歸屬的類別。因為李維史陀書寫時設下來太難套襲、追仿的規格。

《憂鬱的熱帶》一開始，就是個弔詭的曖昧歧義。作者告訴我們，他要寫的是一份遊記，記錄他到巴西進行人類學田野調查的旅程，但同時他又表白了自己看待遊記的一份懨懶、除魅（disenchanted）的態度。全書第一句話：「我討厭旅行，我恨探險家。」才到第二段結尾，他又說：

> 我們可能必須賠上半年的光陰在旅行、受苦和令人難以忍受的寂寞；但是，再拿起筆來記錄下列這類無用的回憶與微不足道的往事……這樣做，值得嗎？
>
> 我自己覺得，這類描述居然相當受歡迎、有市場，真是一件難以理解的事情。

好啦，我們才翻到書開頭的第二頁，李維史陀已經否定了旅行、冒險，也否定了對於旅行、冒險所做的記錄。

---

5 *La Pensée Sauvage*，一九六二。

6 加布列・賈西亞・馬奎斯（Gabriel García Márquez, 1927-2014）。

7 詹姆斯・喬埃斯（James Augustine Aloysius Joyce, 1882-1941）。

別人寫的遊記，心情必然是興奮的，口氣必然是自我滿足的。哇，我去到了京都、去到了巴黎，看到了、經歷了平常日常看不到、經歷不到的，所以趕緊記錄下來，免得遺忘，同時可以和沒去、沒看到、沒經歷過的人分享。

那樣的遊記，心情與內容是一致的。但《憂鬱的熱帶》不是這樣，從一開始，這本書就建立在弔詭的曖昧姿態上——這不是我想做的，我也不覺得把這樣的事寫下來很有意思，但我還是做了。不甘不願的旅人，加上不甘不願的遊記作者。

別的遊記理所當然從踏上旅程寫起，不甘不願的旅人加不甘不願的遊記作者，在踏上旅程之前，卻先花了許多篇幅去拆解旅行、冒險與遊記的迷思（myth）：「你們在一般遊記中看到的旅行、冒險其實並不真實，你們——這些嗜讀遊記的讀者們——知道的旅行、冒險和我真實體驗的，不是同一回事。」李維史陀冷靜地表達了這樣的立場。

以這樣的立場，李維史陀等於是先對於人類學的冒險遊記，進行了一番人類學式的調查。就像過去亂七八糟的異文化記錄，帶給我們許多似是而非的異文化印象，讓我們心中產生了或浪漫或恐怖或鄙夷的印象般；那些冒險遊記也在讀者心中留下了和事實之間有著相當距離的或浪漫或恐怖或鄙夷的印象。為了要排除偏差、錯誤的印象，所以才有嚴格、謹密的人類學式調查，詳細區分事實與迷思；使用同樣的方法，李維史陀首先對冒險遊記進行了除魅的分析判別。

如此，早於「後設」概念的提出，《憂鬱的熱帶》這本書從一開始就帶有「後設」的意味——這是一本同時進行遊記省察的遊記。換另一個角度看，這本書也像是將冒險遊記當作調查對象的某種「民族誌」寫作，要在書寫中同時呈現這個現象的emic和etic雙重焦距。有別人看到的遊記意義，還有遊記經驗者、寫作者內在的意義。

從emic的立場，冒險遠遊不過就是為了建立人類學知識而不得不付出的代價。沒有去到那麼遠，沒有進到那麼陌生的環境裡，你沒有辦法接觸到「異文化」，更沒有辦法取得足以理解並記錄「異文化」的資格。然而，轉成etic的立場，李維史陀將人類學家冒險遠遊比擬為一種「成年禮」。

第四章中他這樣說：

在很多北美洲的部落裡，青年人如何通過成年禮的考驗，通常會深深地影響到他將來在部落中的社會地位。有些年輕人不帶任何食物，自己乘著獨木筏在水中漂流；有些人自己一個人跑上山，去面對嚴寒、下雨和野獸。有時候他們一連好幾天，好幾個禮拜，甚至好幾個月都沒好好吃東西，或只吃粗糙的食物，或者長期禁食，甚至使用催吐劑使自己的身體情況變得更虛弱。一切行為都被視為與另外一個世界溝通的手段……

……他們相信，某種神奇的動物會被他們所受的強烈痛苦和他們的祈禱詞所感動，不得不在他們眼前出現；顯現在眼前的異象，使他們明白他們日後的保護神是誰，他們可以依照該保護神的名字取名，因此得到特殊的能力（權力），並因此而決定他們能享受的權利，決定他們在自己社群中的地位。

話鋒一轉，他把注意力轉回自己的社會：

當代法國社會裡面，在讀者大眾與他們的「探險家們」之間，上述的「追求權力」的現象相當風行……就像前述的北美洲土著的例子那樣，年輕人離開他自己的社群幾個禮拜或幾個月，以便能使自己親歷某種極端的情境……然後回來的時候就擁有某種力量，其表現方式是寫幾篇文章登上報紙，或寫些暢銷書，或在擠滿人的演講廳公開演講。

人類學家和他們調查研究的部落成員，表面上有文明與野蠻的區分，身分上有調查者與被調查對象的主客差異，然而骨子裡，他們遵循同樣的行為模式——離開群體，受苦考驗，以便在回到群體時，獲得一種神祕的加持，抬高自己的地位、增加自己的權力。

永遠來不及

接在對於遊記的否定之後，是對於田野調查這件事的否定。

當人類學家想要出發啟程時，他已經意識到自己來不及了。他會看到的，是已經被破壞了的文化，他能去到的，是已經不純粹的異文化環境。事實上，正因為破壞、汙染已經存在，才產生了調查保留的衝動。出發的原因，同時也就是去了也來不及的理由，兩者二而一、一而二。

李維史陀說：

……我所做的正是一個空間考古學家的本分工作，鍥而不捨地想從殘片遺物中重現早已不存在的地方色彩，不過這種努力是徒勞無功的。一旦產生了這種念頭，幻想便開始一步一步地布下它的陷阱。我開始希望我能活在能夠做「真正的旅行」的時代裡，能夠真正看到還沒被破壞、被汙染、被弄亂的奇觀異景的原始面貌……因此我便陷入一個圈圈裡，無法逃脫……我只有兩種選擇：我可以像古代的旅行者那樣，有機會親見種種的奇觀異象，可是卻看不出那些現象的意義，甚至對那些現象深感厭惡加以鄙視；不然就作個現代的旅行者，到處追尋已不存在的真實的種種遺痕。無論選哪一種，我都只會是失敗者。

如果生得早一點，能夠在十六世紀，哥倫布剛發現美洲時，就去到巴西，看到那些原住民的生活與文化，多好！這是理所當然的想法，卻不是李維史陀的想法。他會在這個想法浮現出來的當下，立即一轉又想到：不，十六世紀去到南美洲的話，我們不可能準備好要看到那裡的原住民生活與文化。我們不會有足夠的知識與意識，用好奇、珍惜而非陌生、厭惡的態度，來對待在那裡會看到的、會經歷的。

是靠著幾百年來和異文化的接觸歷程，尤其是幾百年來無情毀滅異文化的經驗，才讓人改變了原有的態度，看見異文化、察知異文化、進而意圖保留異文化。改變與毀滅，是肩並肩同時發展的。

旅程仍然還沒開始，李維史陀已經又用堅定而哀怨的口氣，否定了旅程成功的可能性。旅程必然太遲，就算真的能讓時光倒流，回到那個破壞、汙染還沒到來的年代，旅程仍然達成不了保留、記錄這些異文化的目的。那麼早的時代，我們還不具備理解異文化價值的眼光，更不必說具備掌握異文化意義的能力。

然而，就在這樣的哀怨否定間，李維史陀其實提出了關於文化、文化交流、文化理解的一套強烈看法，讓我們從負面體會了認識、記錄異文化，遠比我們原本想像的要困難多了。十六世紀的西班牙人看不到巴西印第安文化的價值，草率地予以摧毀了，讓我們今天如此遺憾；對應對照下，那麼會不會我們今天也看不到某些其他異於我們的生活與文化的價值，也正在草率、自以為是地在製造後人的遺憾呢？會不會三百年後的人，將用遺憾乃至譴責的口氣評論我們：「他們怎麼可能看不出那個時代如此重要的意義，竟然無知地進行破壞、毀滅，以至於那麼美好的東西消失在他們的手裡？」

詩不須被證明

李維史陀和詩之間，還有第四種可能的關係，那就是他的人類學研究方法，顯然不是建立在嚴格、固定的科學邏輯上的。威肯在《李維史陀：實驗室裡的詩人》書中引用我的老師梅伯利—路易的話：「在接受《美國人類學家》訪問時，梅伯利—路易形容閱讀《從蜂蜜到煙灰》[8]是『我曾加諸過自己最生氣的苦差事……』」

然後進一步解釋：

《從蜂蜜到煙灰》的確是部閱讀難度極高的作品，因為書中的論證愈來愈背離常識。延續《生食與熟食》[9]對烹飪起源所做的探索，李維史陀在

8 *Du Miel aux Cendres*，一九六六，《神話學》第二部。

9 *Le Cru et le Cuit*，一九六四，《神話學》第一部。

這書裡加入兩個對稱的對立元素：蜂蜜與菸草。他指出，因為蜂蜜是自然界裡的現成食物，所以「少於被煮過」（less than cooked），也被原住民定位在「烹調的近端」（the near-side of cooking）；反觀菸草則是「多於被煮過」（這從它會被燒成煙和灰可見一斑），所以認定位於「烹調的遠端」。兩者在感官上就是對立的；蜂蜜濕而黏，菸草乾而易碎。從這種分別又衍生出一些其他二元對立：「雨／乾旱」、「暴飲暴食／節制飲食」。另外，李維史陀又指出，蜂蜜因為是一種大自然產生的誘惑物，所以象徵著向大地的下降，而菸草因為可以產生縷縷煙霧，換言之，從蜂蜜與菸草的對立，又可引伸出「高／低」、「天／地」、「世間／天國」的對立。然後，隨著李維史陀的分析離開《生食與熟食》中的核心美洲神話，他又發展出一套所謂的「型態的邏輯」（logic of forms），其所包含的是一組更根本的對立項：開／閉、滿／空、內／外。這些對比表現在挖空和填滿的葫蘆，也表現在撕去樹皮的樹幹和竹子；前者實心，後者空心；前者缺去外部，後者缺去內部。

接著威肯下了一段有趣的論斷：「《從蜂蜜到煙灰》要比《生食與熟食》有更多數學公式和更多恣肆的邏輯，但也有些詩性的時刻，如指出『青蛙』之於『蜜蜂』相當於『濕』之於『乾』。」

看來這裡的「詩性」，是用來和「邏輯」對照的。從萬物中挑選出「蜂蜜」和「菸草」，然後由這兩種東西恣意衍生出那麼多一層一層的對立，來證明人類文化的「二元性」，整個過程依恃的不是觀察、歸納、推論、實驗，而是極其個人的主觀直覺：「李維史陀雖然屢屢把結構主義比作科學，但他的許多主張卻充滿高度個人色彩，而且基本上是不可證明的。」不能證明、不能複製，只存在於一個人的主觀直覺中，那當然不是科學，比較像詩。

第五章

穿梭於個別現象與基本結構之間

挑戰「存在主義」熱潮

法國戰後的思潮變化，連帶引動整個歐洲思潮的，其能量先後來自於「存在主義」、「結構主義」和「後結構主義」。而李維史陀占據了這段法國思潮精彩演出的中央位置。

「存在主義」反對原來哲學裡的解釋傾向。哲學追求用定義來弄清楚生命是什麼、生活是什麼，那樣的作法能夠得到的解釋答案必定是抽象的，排除個體經驗與個體差異的。「存在主義」從反對這種解釋出發，因為這種解釋無法處理、無法解決人在具體存在上所遭遇的問題。

「存在主義」要用existence代替being。有時我們會將existence翻譯為「實存」，把「存在主義」稱為「實存主義」，就是為了和being區分開來。Being是抽象的，抽離了具體個人、具體生活、具體感官經驗後的存在，管轄所有人與物綜合、集體存在的原理原則；existence則指向具體個人從具體生活中採獲的具體感官經驗，更重要的，指向人活著最具體的各式各樣生命抉擇。哲學解釋的being，說得再怎麼頭頭是道，無助於幫助我們在生活的每一個具體當下，面對具體環境與條件，做出人際、道德、生死的關鍵決定。

「存在主義」要勇敢、決絕地面向具體存在。「存在主義」逆轉了哲學問題的輕重緩急，主張個人、個別、當下、變動現象比人的本質、全體、永恆、不變原理，要來得重要，更值得我們思索追求。

我們對於人是什麼，人在什麼狀況下應該會有什麼感受與反應，有許多來自抽象原理的本質規定。因而卡謬的《異鄉人》就特別寫了一個沒有依照抽象本質規定去感受、反應的人。那是他生命的「實存」，但人們拒絕正視他的「實存」，刻意忽視他的「實存」，堅持用抽象的本質來看他、來管束他，強迫他放棄自己存在的事實，配合抽象的本質演出。

對卡謬而言，這是荒謬的。「個性」當然比「共性」重要。號召拋棄、甚至反抗「共性」，發揚「個性」，「存在主義」快速獲得了歐洲、美國、乃至亞洲青年的認同支持，一時蔚為風潮。

就在「個性之火」燒到最高溫時，李維史陀出現在法國思想界，冷靜安靜地給「存在主義」潮流降溫。李維史陀重新張揚「共性」，用「結構」把人的眼光從個別、具體的「存在」再拉回共同的、系統性的原理上。

《親屬關係的基本結構》出版後沒多久，西蒙·波娃[1]就在沙特創辦的《現代》雜誌上寫了一篇很長的書評，稱讚這本書碰觸到了「社會整體之謎，以及人類自身之謎」。隨後，《現代》雜誌又出現了一篇文摘，摘錄了李維史陀說的：

> 一個社會的種種風俗習慣，如果放在一起看，總會顯示出一種特殊風格並可以化約為一些體系，依我之見，這些體系的數目並不是無限的。因為人類社會的遊戲、夢想和妄想，就和個人的遊戲、夢想和妄想一樣，從來不是憑空創造出來的，而是在某個觀念庫存中挑選若干項目組合而成。透過盤點人類記錄在案的所有風俗習慣，我們有可能會得到一張類似「化學元素表」的圖表。

這是法國現代思潮的轉戾點。在「存在主義」的核心陣地，竟然堂皇地出現了不是擴張個人自由樣貌，而是限制人類經驗可能性的主張，「結構主義」崛起，收拾「存在主義」引發的個人多元狂潮，提醒大家，其實：「人類社會的遊戲、夢想和妄想，就和個人的遊戲、夢想和妄想一樣，從來不是憑空創造出來的，而是在某個觀念庫存中挑選若干項目組合而成。」

李維史陀有獨特的魅力，能夠對抗時代的潮流，又讓原本領導潮流的人，無法忽視他的意見。光從名稱上看我們就知道，有「結構主義」，才會有更後來的「後結構主義」。「存在主義」看重現象、停留在現象，「結構主義」卻要從現象探知「結構」，找出紛紜萬般現象有限的組合模式。那麼「後結構主義」呢？「後結構主義」要把「結構主義」的程序倒過來，主張：不是從現象到「結構」，而是我們只能在「結構」中看到現象。人無法如實地接觸、理解現象，我們逃不開「結構」的中介，永遠宿命地活在「結構」的主觀任意扭曲中。

---

1 西蒙・德・波娃（Simone de Beauvoir, 1908-1986）。

「結構語言學」發掘語言內在的結構，「後結構主義」則分析語言中所有「字詞」與「意義」之間的聯繫——或更廣泛地說「能指」signifier和「所指」signified之間的聯繫——都是由那個語言「結構」所規範、所決定的。我們無法離開「結構」找到普遍、客觀的真理。真理只以特定「結構」中的意義對我們顯現，沒有不受特定「結構」牽制的真理。

要了解「後結構主義」，不能不通過「結構主義」。不論是拉岡[2]、巴特[3]、德希達[4]或李歐塔[5]，這些時代上離我們更近的思想明星，在形成他們思想主體的過程中，都受過李維史陀的啟發與影響，他們的理論也都有重要的部分，是以李維史陀及其「結構主義」作為對話對象的。不認識李維史陀，很難進入這些「後結構主義」的思想世界裡。

這樣的思想旅程，從「存在」到「結構」再到「後結構」，法國知識界熱鬧地前進、轉彎，順便就帶著歐洲、乃至全世界的知識潮流跟著他們前進、轉彎。這幾波思潮，絕對是二十世紀後半葉最具吸引力（不見得最具說服力）的「主義」。

兩種結構主義

講到「結構主義」，就不能不費點唇舌分辨兩種很容易混淆的「結構主義」，它們都淵源於對社會的分析，都和人類學有密切的關係，不過英美的「結構功能主義」[6]和法國的「結構主義」有著根本的差異。

這兩個「主義」、「學派」在知識的出發點上，是一致的。相信觀察、記錄「異文化」——明顯不同於我們自己習慣身處的文化——有助於我們發現、整理人類社會的普遍運作邏輯。一般日常生活中，我們很難抽離開，去看到這

2 雅各—馬利—艾彌爾・拉岡（Jacques-Marie-Émile Lacan, 1901-1981）。
3 羅蘭・巴特（Roland Barthes, 1915-1980）。
4 雅克・德希達（Jacques Derrida, 1930-2004）。
5 尚—弗朗索瓦・李歐塔（Jean-François Lyotard, 1924-1998）。
6 Structural functionalism，有時稱為「結構功能學派」。

個社會的全貌，尤其是管控社會運作的道理。

我們為什麼去旅行？旅行帶給我們什麼？我年少時讀子敏的《小太陽》，書中有一段文字，最清楚揭露了旅行的樂趣與效果。子敏寫的，是那個貧窮年代的經驗，公司或學校安排的一日遊，去參觀新式的工廠。會有一個廠方人員來負責帶領、解說，這工廠的機器如何複雜、效能如何驚人……等等，每介紹一樣看來奇特的東西，參觀的人就一起發出「哇，好了不起」的讚嘆。參觀過程中，看到了很多東西，於是就有了這樣的對話——「那是什麼？」「哪個？」「掛在牆上那個。」「嗯……那，那是掃把。」「特別訂做的？」「嗯……沒有，就是街上買的掃把。」「哇，好了不起！」

掃把有什麼了不起的？讀到這裡我們笑了。但那是會心的笑意，因為我們能了解那種心情，在那樣一個遠離開日常習慣的異樣環境中，感覺每一樣東西都變得很特別，都變神奇了。

這也是杜象[7]把馬桶搬進美術館當藝術作品展覽，所試圖傳遞的現代訊息。重點不在於那是什麼，而在於放在什麼樣的環境脈絡中，讓我們用什麼樣的眼光、角度來觀看、來感受。

旅行把我們帶到陌生的、不熟悉的環境脈絡中，我們自然變得格外敏感，預期要看到陌生、不熟悉的東西，結果就使得原本再熟悉不過的掃把、馬桶，都散放出陌生的魅力。我們似乎從來不曾用這種方式好好看過掃把、馬桶，第一次去感受、思考為什麼掃把、馬桶長這個樣子。

「異文化」也有這種藉由陌生化來提高我們觀察與分析敏感度的作用。有時候對於自身文化的認識，也要繞道經過「異文化」的提示、比較，才能變得清晰、有意義。

英美社會人類學透過「異文化」研究，得到了一套社會組織運作的洞見。我們應該將社會上的種種現象，視為一套彼此互相關聯的系統。現象不是個別、單獨存在的，而是和其他現象犬牙交錯，環環相扣互相作用。解開社會系統、社會結構之謎的重要線索，是「功能」。每一種儀式、關係、習慣、行

7 馬塞爾・杜象（Marcel Duchamp, 1887-1968）。

為、對待，都有其維持這個社會正常平衡運作的「功能」，找到了其「功能」，我們也就同時找到了其在社會結構上應有的位置。沒有「功能」或失去了「功能」的社會現象，不可能長留在一個社會上，會從社會結構裡脫紐解離，逐漸消失。

這是「結構功能主義」的核心概念，他們所看到的所有社會普遍性，是社會如何環繞著「功能」組構起來。從最原始的部落，到最複雜的國際大都市，社會都是由眾多具備「功能」的social institutions組構起來的，結構有簡有繁，然而不論簡繁，都是依據其社會正常、穩定運作所需的「功能」安排組織起來的。

但由李維史陀在法國開創的「結構學派」不是這樣。法式「結構學派」承襲「結構語言學」，主張：就像千變萬化的語言，背後其實只有貫串所有語言的有限幾種基本「結構」一樣，千變萬化的人類社會與文化現象，其實也不是真的那麼豐富，只是若干基本「結構」型態的衍伸變化而已。社會、文化研究者應該做的，是找到方法穿透表面的繁麗複雜，火中取炭般抓出所有光與熱的源頭——那少數放諸四海皆準的「結構」共相。

誇富宴的功能與意義

北美印第安部落文化中，有一種特殊的「誇富宴」（potlatch）習俗。簡化地說，在重要的場合，部落裡的貴族大方地將自己聚集的財富送給族人，還把其中被視為格外珍貴的毛毯和銅器丟進火中燒毀。被邀來的客人，如果地位和主人不相上下的話，必須同樣大方地帶禮物來送人，帶毛毯和銅器來一併送入火中，如果客人帶來的東西遠不及主人準備的，客人就很沒面子，相對地，要是主人準備的財物差客人帶來的一截，就輪到主人感到丟臉了。

「誇富宴」的習俗，一度在美國和加拿大都被嚴格禁止，被視為是典型的愚蠢、野蠻行為。毫無節制地毀壞辛苦做成工藝成品的行為，看在北美清教徒眼中，是對他們勤勞、克抑慾望的美德信仰，最大挑釁。換句話說，他們看到的「誇富宴」，是全然沒有意義的行為。

「結構功能學派」的貢獻，就在於拋棄了原來的這種清教中心價值觀，改由「結構—功能」的角度，重新看待「誇富宴」。清教徒用自己的教義信仰來衡量印地安社會習俗，認定：除非能證明這些習俗符合我們的信仰，否則就是無意義的。「結構功能學派」人類學家以完全相反的態度前提來檢驗印地安「異文化」：除非能夠確切證明這些習俗在印地安社會中沒有任何「功能」作用，否則它們就一定有其意義。當我們在「異文化」中觀察到一個陌生的社會現象時，我們先假定它之所以存在，應該有「功能」上的理由，先認真去思索、尋找那「功能」究竟何在。

Potlatch沒有意義嗎？中文將這個字、這樣的習俗譯為「誇富宴」，其實就已經吸收了人類學家的詮釋。Potlatch最明顯的「功能」，正就是「誇富」，毀掉毛毯和銀器，扎扎實實不欺不騙地表示了我擁有龐大的財富，能夠承受別人承受不了的損失。「摧毀財富」所能帶來的炫耀效果，遠勝過任何其他做法。

如此認知印第安人的習俗「功能」，我們回頭看看自己的社會，很容易就辨識出了許多類似的「誇富」行為。例如說一頓豪華晚宴為什麼一定要準備特等魚子醬，一百公克要好幾萬的高級食材，理由很簡單——顯示主人花得起這樣的錢。更進一步，為什麼更高等級的豪華晚宴就不再強調魚翅鮑魚和魚子醬，轉而凸顯紅酒？因為魚翅鮑魚魚子醬再怎麼會吃，一頓吃下來，也吃不了幾萬塊，然而特殊年分特殊酒莊的紅酒，一夜喝下來，是可以喝掉幾十萬美金的。與其說酒那麼好喝，非得喝那麼特殊的酒，不如說找到一種方法理直氣壯地一擲千金，把幾十萬美金豪爽地花掉，更接近這種晚宴真正的目的。

再進一步分析，「誇富宴」在印第安部落還有另一層社會功能，讓擁有財富的人選擇以摧毀財富的方式來換取地位，如此就限定了財富累積的程度，相應地對部落中的貧富差距產生了平衡作用。財富累積到一定程度，就會有比你更富有的人感覺受到威脅，於是發出了「誇富宴」的邀請，你不能不硬著頭皮把財富的一大部分帶著去赴宴，有的送人，有的丟進火裡，一場宴會下來，你和主人都變窮了，本來比你們窮多了的人則相對變得富有些，因而原本貧富差距會刺激產生的緊張敵視，就隨之和緩了。

從這個角度，我們又可以回頭研究自己社會的貧富問題，以及拉近貧富差距的機制，形成新的認知與理解。

這是「結構功能學派」或「結構功能主義」在社會研究分析上的巨大貢獻。

是詩還是科學？

從英美「結構功能學派」的傳統看李維史陀的「結構主義」，有許多格格不入的地方。

首先，李維史陀的田野調查和實證資料蒐集、「參與式觀察」的標準之間，頗有一段距離。李維史陀的理論，並不是直接來自他的實證田野經驗。如果沒有遇到雅各布森，李維史陀在巴西調查帶回來的資料，無助於他成為一位人類學家。換句話說，他的人類學研究雖然和英美人類學家一樣，從田野調查蒐集資料開始，但他得到的研究結論，卻不是從田野經驗與材料中長出來的，是繞路到「結構語言學」，得到了一套理論架構，然後才「理念先行」地回頭整理、詮釋那些散亂的民族誌內容。

因為是「理念先行」、「理論先行」，所以李維史陀自己一手調查得來的資料，或從別人的報告中轉手得來的資料，對李維史陀來說，並沒有那麼大、那麼重要的差異。他要的、他尋找的，是符合「結構主義」理論的記錄，證明人類社會真的有那樣普遍、先天的「結構」型態存在。

另外讓英美「結構功能學派」感到強烈不安的，是李維史陀主張的普遍社會「結構」、「文法」，很像佛洛伊德[8]理論中的「潛意識」，那麼根本、那麼重要，根本重要到不會被行為者自身察知。人們只知道自己嫁女兒、娶媳婦，只知道自己有一套標準來選擇女婿、選擇媳婦同時選擇親家，卻從來無法感覺到自己在按照一種根本的「社會交易結構」行事。

也就是說，李維史陀的「結構」，純粹是etic「外在」的解釋，沒有、也不需要emic「內在」觀點、證據的支持。如此一來，社會文化內在的主觀解釋與

8 西格蒙德・佛洛伊德（Sigmund Freud, 1856-1939）。

信念，也就無法用來挑戰、甚至推翻李維史陀認定的「結構」。

一個人夢中看到一根大柱子，佛洛伊德說那根柱子是現實中男性陽具的替代，做夢的人否認自己的夢跟「性」有任何關係，佛洛伊德不理會，因為他的理論本來就認定了「性」潛藏在你不會察覺的「潛意識」裡，你否認有什麼用呢？

李維史陀的「結構」理論，會不會也像這樣，套用在各個社會上，不管那個社會對自身習俗、生活的說明是什麼，都無法動搖他純粹從etic角度加諸在這個社會上的「結構」解釋呢？

那麼，李維史陀的理論，能夠檢驗嗎？不能被檢驗的理論，還能是合格的科學研究成果嗎？李維史陀的理論那麼聰明、那麼迷人，有些地方那麼炫麗，讓人無法忽視，更讓人捨不得就這樣予以否定拋棄，但同時他的理論又如此偏離了實證主義的研究邏輯，深深困惑了許多同樣從事社會調查分析的專家們。

於是那個問題會一直繞著李維史陀和他的學術成就——也許，李維史陀做的，本來就不是科學，而是別種不同性質的東西，例如說，是「詩」？

大師風範

我的老師梅伯利—路易就是受英美「結構功能學派」嚴格訓練出身的，他也曾經站在「結構功能學派」的實證判準上，寫過一些認真檢討李維史陀著作的論文。然而我清楚記得，在長達四年和梅伯利—路易上課求學的過程中，幾乎每個學期的個別課中，他都開列了李維史陀的書要我研讀、討論、報告。

還有，他一次都沒有要我去讀他批判李維史陀的論文，不管是在研究生的seminar，或我跟他上的個別討論課上，他通常選擇扮演李維史陀的辯護者，代替李維史陀回答我們的種種質疑，抵擋我們初生之犢的猛烈批判炮火。

這真是「大學者」的風範啊！面對他一生中最主要的學術論敵時，梅伯利—路易仍能客觀地承認李維史陀知識成就的重要性，帶領我們進入那個他無法全盤認同的豐富園地。而且他自在、毫不誇大地展示了：他對李維史陀的批評，出自對於李維史陀的透徹研究，他完全明白李維史陀的論理過程與巧妙細節，所以才能那樣在我們面前為李維史陀辯護，同時也才有辦法寫出那樣堅實且公平的反駁論文。

梅伯利－路易相信，讓學生充分理解李維史陀，比讓學生明白他自己如何批評李維史陀更加重要；而且他懷抱自信，與其讓學生受他影響，先入為主對李維史陀抱持智識上的質疑敵意，還不如先讓學生看到完整的李維史陀，再自己衡量評斷他對李維史陀的反對意見。

「大學者」之「大」，在於胸襟，也在於眼光與品味。他知道什麼是關鍵、要緊的學術挑戰，是學生繞不過、逃不掉，更不該試圖繞過去、視而不見的。研究社會型態、理解文化作用，抱歉，不管你喜不喜歡，李維史陀就造了一座大山横在前面，你必須費勁地攀爬上去，滴下額上的汗珠，從那樣的高度看到他要你看到的。

李維史陀有許多追隨者、崇拜者，他們當然會大聲宣揚李維史陀的著作、思想、理論有多了不起、多重要。頭腦再清楚不過，甚至在許多地方比李維史陀更清楚的梅伯利－路易，很明白他自己的立場、看法和李維史陀有多大的差距，也乾淨俐落整理了他對李維史陀的不同意處，後來還編了一本專門討論「二元模式」的書，叫做《對立面的吸引力：二元模式中的思考與社會》（*The Attraction of Opposites: Thought and Society in the Dualistic Mode*），由他來教我們嚴肅看待李維史陀，其意義當然很不一樣。

從《憂鬱的熱帶》、《野性的思維》陸續出版後，將近三十年的時間裡，李維史陀是西方學術界的某種頂點風光。人類學、社會學不必說，許多其他人文研究，到達某個層級之後，都要遇到李維史陀及其發展出來的那套「結構主義」理論，繞不過去、逃避不掉，卻又沒那麼容易能夠掌握、運用，更難否定、推翻。

至少三十年時間裡，許多像梅伯利—路易那樣誠實誠懇的「大學者」，活在李維史陀龐大的知識陰影下，不停歇地和李維史陀糾纏、搏鬥，形成了精彩、壯麗的景觀。這裡面有哲學、有文學、有史學、有文化研究、有性別研究，也有像拉岡那樣的全新精神分析理論。

第六章

人類學家是創造者

尋找「總意義」

李維史陀從人類學中，看出歷史的一大矛盾。當豐富的異文化在世界上存在時，人沒有做好要超越自己的單一文化本位來理解異文化的準備。費了很久的時間，人終於有了足夠寬廣的視野，做好準備時，那些豐富的異文化卻已經破壞殆盡了。

我們今天遺憾、甚至嘲笑三百年前去到美洲的西班牙人，那麼粗魯無知地毀掉了印加文明、阿茲特克文明，毀掉了更多他們不了解的印第安部落文化，以至於三百年後的人類學家只能倉皇地趕往亞馬遜密林深處，試圖找到殘存的一點點印第安遺跡；但放大來看，我們就有把握三百年後的人不會以同樣的態度遺憾、嘲笑我們竟然看不出今天在我們身邊的某些特殊生活或文化價值，竟然讓這些生活或文化價值衰頹、滅亡嗎？

那怎麼辦？李維史陀沒有要停留在哀怨感嘆，或懷舊幻夢裡。他要對這項乍看下無解的宿命提出主張來。

他的主張，不是從人類學本體發展出來的，而是借道年少時曾讓他如此著迷的地質學。在《憂鬱的熱帶》第六章中，李維史陀寫著：

> 我認為最寶貴的回憶之一，並不是那些到巴西中部一個前所未知的區域去探險的經驗，而是在朗格多克[1]地區的石灰岩高原上遠足的經驗，遠足的目的是找尋兩種不同地層之間的接觸線。那種經驗和隨意散步或到處看看很不一樣。那是一種追尋，對不明就裡的旁觀者而言可能毫無任何意義，而我認為那就是智識本身，包含其中所牽涉的一切困難和所能提供的一切快樂。

什麼樣的快樂呢？那份快樂就含藏在追尋的困難裡。

1 朗格多克—魯西永（Languedoc-Roussillon），位於法國南部的一片區域。

每一處地景乍看之下似乎雜亂無章，每個人都可以自由賦予它任何自己想要的意義。但是，在農耕的影響、地理上的無規律性、從史前時代開始至今變化多端的地表高低起伏之上，有著無疑是在上述各種現象之先的、支配那些現象的、可以充分解釋那些現象的「最宏大的意義」（the most majestic meaning of all）。

現實裡我們看到的，是雜亂的景象，是長遠時間堆疊製造出來的。土地上有不同植物、有農業生產作物，有道路、有房屋，還有幾百年、幾千年的道路、房屋的遺跡。再往前追溯，甚至有幾萬年河流切割造成的懸崖、山崩與不同的土壤。但在這一切底下，存在著更早的地質證據。而那地質上兩個不同地層在這裡接觸的事實，以一種更根本的方式決定並解釋了目前我們看到的表面混亂現象。換句話說，混亂不是真正的無序，而是從一套早先、原初的秩序或意義中發展出來的。所以他接著說：

> 我無視一切障礙——陡峭的懸崖、山崩地、灌木叢或耕地——也不管什麼道路與藩籬，一心追尋遠古歲月凝結遺留的痕跡，我的行動看似毫無意義可言，但是這樣固執己見的唯一目的，就是為了重新尋覓「總意義」（master-meaning），「總意義」可能模糊不易理解，但是相對於總意義而言，其他意義都只是某種局部或扭曲的轉換。

關鍵在於這個中文無法確切翻譯、傳達的「master-meaning」。那是統合管轄其他現象顯示意義的底層「總意義」。就像統合管轄所有計畫作為與程序的「總計畫」（master-plan）一樣。

關鍵在於李維史陀相信，壓在複雜繁亂歷史現象之下，有這麼一個「master-meaning」，而且他記得自己年少時曾經真正踏查尋找到了這個地質學上的「master-meaning」。他又用帶有詩意的語言回憶：

> 奇蹟有時候的確會出現。譬如，當你忽然發現，在一個隱蔽的縫隙兩

邊，居然並生著兩種不同種屬的綠色植物，靠得非常之近，而每一種都選擇了最適合自己的土壤；或者是，可以同時在岩石上發現兩個菊石的遺痕，看到它們微妙而不對稱的迴紋，這些迴紋以它們自己的方式證明兩個化石之間存在著長達幾萬年的時間距離，在這種時候，時間與空間合而為一：此刻仍然存活著的多樣性與不同的年代相重疊，並且加以保存延續。思想和情感進入某種新的維度，在這裡頭，每一滴汗，每一個肌肉動作，每一息呼吸，全都成為過往歷史的象徵，當我的心神領悟到此中意義時，歷史發展的過程就在我體內重現了。我覺得自己沉浸於更濃烈的智識裡，最終，不同的世紀、相隔遙遠的地方，都以同一種聲音呼應對話。

要怎樣確定可以不被三百年後的人嘲笑？如果我們能夠進入那「更濃郁的智識性中」，撥開表面的混亂迷霧，找到「不同的世紀，相隔遙遠的地方在互相呼喚」的那一份「總意義」，master-meaning，也就是我們不以保存已被破壞、被汙染的這些異文化元素為滿足，而是以這些還留存的現象為材料，去挖掘其源頭，那統轄這些現象的底層「結構」。

跨越疆界的基本樣式

讀過了第六章藉由地質學探索經驗來彰顯「總意義」的段落之後，讓我們回頭讀《憂鬱的熱帶》的第二章。

這一章本來應該描寫李維史陀一九三五年前往巴西旅程的開端啟航，但他卻錯亂了時間順序，先說後來的其他旅程經驗。他提到了一九四一的旅程，那是第二次世界大戰爆發，法國快速戰敗落入德國占領時期的事。在這趟航程中，他遇到了兩位歷史人物——法國超現實主義最重要的宣倡者布列東[2]，以及塞爾日[3]。對我們比較熟悉的布列東他幾句話就帶過了，然後仔細地觀察塞

2 安德烈．布列東（André Breton, 1896-1966），法國作家，也是「超現實主義」的發起人。

3 維克多．塞爾日（Victor Serge, 1890-1947），俄國革命家及詩人。

爾日：

至於塞爾日，他以前曾是列寧身旁的人，這樣特殊的地位使我覺得不容易和他親近。而塞爾日的外表看起來像個拘謹的老處女，我再怎麼樣也難以把想像中的列寧的同志塞爾日與眼前這個人對起來。他的臉形輪廓非常細緻，鬍子刮得精光，口音明淨，舉止緩慢，整個人有種無性別的特質，這種無性別的特質我後來在緬甸邊境的佛教僧侶身上再次看見，這種特質和在法國被認為屬於反叛分子的那種極端陽剛、顯現超人活力的形象完全格格不入。

他在船上注意到這位知名的俄羅斯共產革命健將，長相和他原本想像的有很大差距。他立刻察覺，法國社會對於什麼樣的人會去參加叛亂活動，有一定的刻板印象。然後，更精彩地，他展開了一段廣泛的解釋：

……由於文化樣式（cultural types）都是建基於非常簡單的對比上面，在每個社會中都可發現的類似的文化樣式，在不同的社會中卻被用來完成很不一樣的社會功能。塞爾日這種類型可以在俄羅斯扮演革命分子的角色，但如果換一個社會環境，可能就得扮演另一種角色。如果可以運用某種分類格式，把每個社會裡面如何利用類似的人物樣式去扮演不同的社會功能加以分類排比，建立出一套近似的模式出來，那麼跨社會之間的交流會變得容易得多。

這真是奇想啊！他推演了很不一樣的社會分類方法，以及相應的跨國跨文化溝通。我們一般的習慣，是這個社會的企業家，和那個社會的企業家談生意；這個社會的作家，和那個社會的作家談文學、談創作；這個社會的革命家和那個社會的革命家串連組織。李維史陀質疑這種做法的合理性——如果這個社會中認定適合當企業家的「樣式」，在那個社會卻被視為比較適合當作家，那麼豈不應該是讓這裡的企業家和那裡的作家，基於「樣式」的類似性，可以比較好相處、比較好溝通嗎？

回到塞爾日的例子，李維史陀的洞見是：這樣帶有高度陰柔氣息的人，恐怕很難跟法國共產黨那些「極端陽剛、顯現超等活力」的人產生自然、有效的連結。如果不要用職業來分派，改由「樣式」來進行互動，那麼俄共革命分子塞爾日會跟緬甸邊境的和尚發展出更緊密、更細膩的關係才對。

他是認真的嗎？是的，因為這符合李維史陀一貫對於「結構」、對於「總意義」的看法。每個社會、每個文化有其常識的、侷限於其社會、文化內部的分類概念：企業家、作家、革命家、傳教士等等。然而，我們經常忽略的，是在這之外另有一種跨文化、超越單一社會疆界的分類概念。每個社會都有像塞爾日那樣無性別類型的人，那是普遍的。但在一個社會中，這種人適合當和尚；在另一個社會中，這種人適合當革命家。我們執著於看到和尚、革命家等職業分類，卻看不到他們彼此相同所屬的這個「樣式」。對李維史陀來說，「樣式」才更根本、更重要、更值得探索。

這就好像如果你眼中只看灌木叢，習慣將這邊的灌木叢和那邊的灌木叢記錄在一起，以此為調查的滿足，那麼你就不可能察覺其實這邊和那邊的地質有著根本的差異，而且地質上的差異導引了地表現象上的種種不同傾向，其差異不該因兩叢類似的灌木就被忽略、抹煞。

用人類學取代哲學

李維史陀是個思考者，他一直不斷試圖撥開表面的意義，搜尋底下的、更早的、在邏輯或道理上更前列的「總意義」。在這點上，他看起來很像一個哲學家，但他不是，他明白地拒絕我們將他視為哲學家。他不要走哲學的路，他甚至顯現出對於哲學強烈的敵視態度。

李維史陀曾經考過哲學資格考，取得了哲學教師的資格，也真的到中學裡教過哲學。正因為這段經驗，所以他在書中有針對哲學的刻薄評論，當李維史陀要刻薄時，他的文字絕對有辦法刻薄到讓人讀了覺得臉紅的。

在他[4]的課堂上，我第一次學到，任何問題，不論是多麼微不足道或嚴肅重大，都可以用同樣的一種方法解決。這種方法就是把對那個問題的兩種傳統看法對立起來。第一種看法利用常識作為支持的證據；然後再用第二種看法來否定第一種看法；接著，證明以上兩種看法都不夠完整，並提出第三種看法說明前面兩種看法的不足之處；最後，藉著搬弄名詞，將兩種看法變成是同一個真實的兩個互補面——形式與內容、容器與內容物、存有與外表、延續與斷裂、本質與存在等等。這樣的學術答辯很快就變成純粹是在搬弄文字，靠的是一點使用雙關語的能力，用雙關語取代思考：諧音、相似音、曖昧歧義，逐漸成為那些聰明機巧地翻弄知識的基礎，這樣的知識翻弄被認為就是良好的哲學推論的表記。

我可以很快很容易地藉由示範來讓大家知道李維史陀在說什麼。「麵包比較重要，還是愛情比較重要？」面對這個問題，常識上當然是認定麵包比較重要，沒有錢、吃不飽，哪裡談得上什麼其他的追求呢？活下去都成問題時，哪有基礎可以去享受愛情？但我們可以找到另外一種反對常識的看法：「光靠麵包活著，那是低等的生存、動物性的生存，只有更高的追求才使得人成為人，愛情當然比麵包重要，愛情把我們從動物、禽獸間抬高上來，確認自己為人。」

好了，接下來我們還能有第三種看法——人的存在，沒有必然的高等與低等之分，不必然愛情就比麵包來得高等，高低等其實是建立在虛妄的假設上，選麵包或選愛情，都是偏頗，都是對生命的割裂，真正關鍵的，是看到生命的完整性。麵包是生存式的存在，愛情則是存在式的生存，看清楚了兩者的互補關係，那麼我們就知道，不管從麵包出發、或從愛情出發，人其實都能到達那完整性的終點，也都可能在過程中迷失，這裡不存在選麵包或選愛情才對的問題。

好了，你看，我這樣就塑建了一套有第一種、第二種、第三種看法，又有

4 古斯塔夫・羅德里格斯（Gustave Rodrigues, 1871-1940），法國哲學家。

語言搬弄的「哲學思考」。

李維史陀刻薄卻不失精確地點出了那個時代法國哲學教育的困窘。哲學變成了一套固定、僵化的模式，千篇一律地適用於各式各樣的論題，不管討論的是該活著還是該自殺，或是公車和電車的選擇，都可以拿這套方法快速套出一長串的說詞來。乍看之下，有論據有論點有批判有反駁，什麼都有，但稍加檢驗，正因為是套襲同樣的模式，這種思考、討論不可能真正增加知識，更與智慧、洞見無關，純然是遊戲，高明一點的是觀念遊戲，等而下之的，更就只有語言遊戲了。

李維史陀瞧不起這樣的哲學，立意要和當時法國教育體制教出的這種哲學劃清界線。他批判哲學體系：「這樣的體系並不是要發現什麼是真什麼是假，而是要了解人類如何慢慢克服一些矛盾。哲學不是科學研究的僕人與幫手，哲學只是意識對意識自身所做的某種美學上的沉思。」

我們也曾在沙特身上看過對於哲學的反動批判。討論沙特思想時，我曾經這樣解釋：

這群全法國最聰明的人，受過了長期的哲學訓練，讓他們得以看穿了哲學的無力、哲學的虛妄……受過菁英教育的人反對自己所受的菁英教育，然而在建構反對意見時，他們往往還是逃不開這套菁英教育在他們身上留下的深刻痕跡……這些受菁英哲學教育出身的法國年輕人，他們立定志向要推翻過去的哲學，但他們的做法，不是放棄哲學，而是選擇建構另一種不同的哲學。哲學是他們擺脫不掉的根基，他們只能、只會用哲學的方法來反對哲學，要將反對舊哲學種種說法整合成一套新的哲學。[5]

相較於沙特，李維史陀和哲學間的關係，沒有那麼正統，也沒有那麼深。對於專業的哲學工夫，李維史陀的掌握當然不如沙特。但對於那樣的哲學，他和沙特表現了同等的不耐煩。沙特的不耐，主要來自覺得那樣的哲學無法解決真實的存在問題，只能不痛不癢地繞著現實存在問題打轉。李維史陀則走得更

5 楊照，《忠於自己靈魂的人：卡謬與《異鄉人》》，第二章。

遠、更決絕，他一定要找出不同的一個學門來取代哲學的追求，所以他選擇了人類學。但這並不表示他就真正能夠離開哲學，他的選擇，深層地看，並不是人類學本身，而是以人類學來探求「總意義」，也就是用人類學取代無能無力的哲學，來探討真理。他沒有真正離開那份「發現什麼是真什麼是假」的根本求知衝動。

也因而，李維史陀建立的人類學知識，很多時候難免看起來仍然很像、很接近哲學體系。

女店員式的形上學

在《憂鬱的熱帶》第六章中，李維史陀將反對「現象學」和「存在主義」列為「一個人類學家的成長」過程中，值得特別一提的經驗。他說：

我反對現象學的理由是它企圖假設「經驗與事實之間存在某種延續

性」……我從前述三個靈感源泉（地質學、佛洛伊德精神分析和馬克思主義）學到：從經驗轉化為事實，是一種非延續性的、斷裂處處的過程；我也學到，為了掌握事實，得先將經驗排斥在外，然後再把經驗重新整合進一個不帶任何感性情緒的客觀綜合裡。

這段話的背景是：地質學、精神分析與馬克思主義，都點出了我們經驗的困窮之處，光透過經驗，看不到、碰不到關鍵的現實。地質學上的地層劃分、精神分析的「潛意識」，還有馬克思主義中的階級，都不是顯露在表面，供我們感官經驗隨時可以擷取，卻又是理解現實的必要進路。我們得要跳過經驗，超越經驗，才能找到通往現實真相的路，這裡有著「非延續性」、「斷裂」的關係。經驗不能以單純經驗的形式存在，必須經過挖掘、打散、重新整理、重新排比，才會引導出現實來。

他接著就進而攻擊以現象學為知識論基礎的「存在主義」：

至於那些最終變成「存在主義」的知識活動，我不覺得它們可以算是一種合理的思考形式，原因是存在主義過度縱容對於「主觀性」（subjectivity）的種種幻想。把個人焦慮提升成嚴肅的哲學問題，太容易導致一種女店員式的形上學了……在科學尚未發展到可以完全取代哲學之前，哲學仍有其任務，存在主義帶有容許人們隨便看待哲學之任務的危險，哲學的任務是：了解存有與它自身的關係，而不是了解存有與我自己的關係。

什麼是「女店員式的形上學」？我不知道，但這樣的說法顯然不會是恭維。有意思的是，在這裡，李維史陀為了要攻擊「存在主義」，竟然就堂而皇之地給了哲學的定性描述。他認定的哲學，不是前面提到的分析與文字遊戲，卻也不是存在主義想像的個人、私我的生命選擇。存在主義批判原來的哲學無法解決人切身的問題，要將哲學改寫為面對個人存在、尤其是個人存在選擇的探討。李維史陀受不了這種對他來說是「了解存有與我自己的關係」的態度，將「存有」或「存在」私有化、瑣碎化了，他仍然在意哲學應該處理那龐大的、全稱的「存有」或「存在」，而不是「我的存在」、「你的存在」。

弄清楚這點後，我們也就比較能解釋什麼是「女店員式的形上學」了。他用輕蔑的口吻要描述的，是一種為了自己當前瑣碎問題的解決，而採取的方便的形上學立場。弄不懂男朋友愛不愛她，「女店員」就自認相信「不可知論」；為了安慰自己不是個壞人，「女店員」就自認相信「世界背後有個超越的善良意志」。類似這樣的現象，哲學被用來提供自我指引與自我安慰，而不是探討普遍的存在現象。

別鬧了，存在主義！

一九五五年《憂鬱的熱帶》出版時，沙特與「存在主義」仍然享有知識界的流行高峰地位。不過也就在這個時間點上，從法國到歐洲的潮流，開始在改變了，出現了許多對沙特和「存在主義」不利的因素。

這一部分要怪沙特自己。他的哲學將個人的主體性及個人的自由推到近乎絕對化的地步，這樣的主張必然引發強烈的質疑（不管是惡意的或善意的），問：「人真的有那麼大的自由嗎？」就連願意相信沙特、因為其他任何因素覺得自己相信沙特的人，都忍不住要問：「真的嗎？在存在上，我有這麼大的自由？那為什麼我看不到、摸不著這偌大的自由？我又該要如何伸張、運用這份沙特從哲學論理上告訴我我擁有的自由？」

沙特建構了一套新的哲學系統，但這套系統挖掉、取消了人之所以活著，過去習慣的種種依賴。沙特的系統帶有高度的批判性、負面性，其中否定、打倒、取消的，遠超過肯定、建立、創造的。沙特，還有包括卡謬在內的其他存在主義者，他們勇敢地拿掉了人身上的種種支撐，不給你鐵鞋、不給你拐杖、不給你扶手欄杆，任何過去我們用來建立安全感的外在條件，都被他們無情地打爛，讓你孤零零毫無依恃地站在生命的斷崖上，感受所有的不確定與所有的威脅。

他們的分析很精彩，他們的表達極其迷人，但他們呈現的，卻是對大部分人來說太過嚴苛的挑戰。精彩、迷人的絢麗之後，沒那麼多人能夠真正與這樣光裸的存在直面相見。

包括沙特自己都不見得通得過考驗。史達林去世後，關於史達林的集權狀態消息傳出來，沙特選擇了繼續相信共產革命、繼續相信蘇共的態度。他也沒有辦法如同存在主義所主張的那樣，毫無依傍地做出揚棄過往信念的決定。沙特很明顯地站在共產國際教條派的那邊，堅守教條，而不是質疑或推翻教條。

這樣的選擇，使得沙特在法國知識界，一下子失去了許多支持者，又平添了許多反對者、批判者。沙特讓他們失望，對這群人來說，是沉重的打擊。因為他們信服沙特的，不是知識、不是處事智慧，而是生活與存在本身。懷疑沙特，必然連帶引發對於生活與存在的懷疑，產生真正的思想與價值危機。

沙特先將所有其他東西挖空了，給他們絕對的主體性與自由，現在他們發現這說好的、許諾的主體性與自由，其實是空的，一回頭，他們身邊沒有其他可以替代沙特、替代主體性與自由，讓他們掌握、依賴的東西。

他們恐慌了，舊路消失在風中，只能往前看新路。在那個節骨眼，法國左翼知識分子最嚴重的信仰危機中，李維史陀昂然出現，提供了一個新鮮卻又無法一眼看清的不同方向。

李維史陀身上不帶既有的政治性。他沒參加共產黨，不屬於任何政治或運動組織，甚至很少在任何熱鬧場合出現過。更重要的，他提示的世界觀，剛好和沙特、存在主義相反。他不相信個人、不相信自由、不相信選擇，但他又絕對不是個威權主義者。他主張真正值得追索、值得信仰的，是一套「結構」。人，不管是誰，都無法擁有外於「結構」，在「結構」之外自由選擇。但「結構」又不是必然，不是我們必須遵守、只能遵守的規律。

我們可以尋找、了解「結構」或「總意義」，獲知人類行為背後的普遍模式。李維史陀的主張、理論，在那個環境中，提供了人可以不用那麼焦慮，不用什麼都自己摸索、自己做決定的依據。針對沙特與「存在主義」，李維史陀不客氣地回應：「別傻了，人哪有那麼自由，你的行為明明就逃不開『結構』的限制，你以為的自由選擇，其實都有其『結構』的解釋。別鬧了，別再把自己的焦慮放大成世界的真理！」

「總意義」的一項作用，就是人類行為的共同基礎。不論你有怎樣的主觀意志，你的行為受到「總意義」、「結構」的限制，就像幾萬年、幾百萬年後的地上生物景觀，依然受到地層區隔影響、決定一樣。我們可以用不同方式整理、描述現有的地上景觀的性質與意義，然而這些現象終究無法擺脫最根本的地質變化，不可能不顧地質因素，違背地質結構而發展。

如果針對人類行為，我們也能找到底層的「結構」，那同時也就等於找出了人類自由意志的範圍。人的意志、人的行為，只能在「結構」容許的情況下才能運作，才能發展。認知了這件事，人也就能從「存在主義」設定的虛懸狀態中放下，知道了意志與行為的選擇，可以從哪裡開始。「結構」是我們知識的詮釋系統，也是我們行為的導引起點。

沙特式的絕對主體性、絕對存在自由，看起來給了人無限的選擇可能性，但落在現實上，卻是使得任何選擇都變得幾乎不可能。你無法對自己說明這樣選和那樣選有什麼差別，為什麼這樣選比那樣選好。更麻煩地，你無法清楚羅列自己眼前可以有的選擇，也就無從比較。永遠都存在著比這個選擇更好的選擇可能性。

李維史陀的「結構」，確切提供了消去法的進路。你不是真正有無窮多選擇，絕大部分的選擇在「結構」中是不可能的、是無效的，你只能、也只需去考慮「結構」所允許的選項，如果你具備了和李維史陀同樣的洞見，看得出、看得清「結構」、「總意義」在哪裡。

以創造超越蒐集

李維史陀心目中的人類學：

人類學家自己是人類的一分子，可是他想從一個非常高遠的觀點去研究和評斷人類，那個觀點必須高遠到使他可以忽視個別社會、個別文明之特殊狀況的程度。他必須在長期與自身族群隔絕的環境下生活和工作；歷經如此徹底而劇烈的環境改變之後，使他染上了一種長久不癒的無根性；最後，他變得感到無處可以為家，他在心理上已成為殘廢。

人類學最大的資產，是人類學家的「無根性」，他沒有家鄉，他不屬於任何一個社會、任何一個文明，因而他不得不擺脫了個別社會、個別文明的觀點，從「無根」的普遍性角度去看「人類」。換句話說，人類學家在現實裡找不到家，他只能安居在由人類學創造出來的一個普遍文化、「結構」的空間裡。所以他接著說：

> 人類學像數學或音樂一樣，是極少數真正與生俱來的使命之一，即使從來沒人教導過，就可以在自己身上發現它。

為什麼是「數學或音樂」？沒有其他人這樣將人類學和數學、音樂放在一起吧？

在一般認知中，人類學是最具體，追求個別記錄、個別知識的學科。人類學的基礎是針對一個一個個別部落、民族調查而成的民族誌。民族誌是紀爾茨[6]所說的「地方性知識」（local knowledge），部分知識、片面知識，彰顯出其自成一格的獨特文化特性，拒絕被公式化、抽象化。在具體程度上，唯一能和人類學相提並論的，大概只有歷史學。歷史學和人類學都記錄不可化約的人類獨特經驗，藉此讓我們感知人類經驗與人類生活的多樣性。

人類學家和歷史學家，都是collectors，蒐集者，蒐集在空間與時間中曾經存在過的各式各樣人類經驗，然後予以收藏。在人文社會研究學科中，這兩門學問離自然科學的抽象、歸納方法最遠，也最難被「科學化」、通則化。過去一百年間，經濟學、心理學、社會學都或多或少完成了引用自然科學方法來進行轉化的過程，將學科的重心從討論個別現象改成抽繹通則、定理，相對地，人類學和歷史學在這方面的轉向，就很少、很有限。

拿人類學比擬數學、音樂，正就是李維史陀戲劇性地凸顯他和其他人不同的想法。他不覺得人類學家應該是collectors（蒐集者）。他主張人類學家應該是creators（創造者），蒐集只是他們的過程活動，讓人類學家得以從自己的社會、文化中脫離出來。看過、蒐集過那麼多不同的社會、不同的文化，人類學家必然從原有的自身社會、自身文化中解紐、鬆綁出來，漂泊進入人類經驗的大海中。那片海洋不是任何一個文化、任何一個社會。那片海洋是人類學家在離開所有安穩文化、社會海岸後，自己創造出來的跨文化理解。那是由具體文化現象中萃取出的抽象、普遍規律所構成的一片空間。而他之所以能創造、進入這片空間，因為這片空間就是由去除個別性後的普遍人類行為規律組構成的——回到開頭的那句話——「人類學家自己是人類的一分子」，繞經眾多的異質文化，排除了對任何一個文化的執著，最終人類學家找回原本就存在於他自己身體內的「結構」。

混亂多元的文化現象之所以值得被記錄、被研究，依照李維史陀的看法，不是為了記錄、研究這些現象本身，而是為了藉眾多的記錄、研究，超越、取消這些文化的多元性，找出藏在多元底下的共同「結構」。多元比對是通往

6 克利弗德・紀爾茨（Clifford Geertz, 1926-2006），文化人類學家，也是象徵人類學的代表性人物。

「結構」不得不經的路線，卻不是李維史陀心中的人類學研究的目的。

得魚不忘筌

讀到李維史陀批判當時的哲學「純粹是語言的搬弄」，我們會自然地認為他厭惡「語言的搬弄」；讀到李維史陀將人類學比擬為「音樂」與「數學」，我們也會自然地將他視為是要將對於人的研究自然科學化，屬於二十世紀高漲的科學至上主義潮流中的一分子。

這樣「自然地」產生的看法，是錯誤的。李維史陀的獨特地位建立在思想與價值的根本矛盾上。他指斥哲學上的「語言的搬弄」，但自己對營造、搬弄語言、文字多有興趣啊！《憂鬱的熱帶》之所以迷人，不就在幾乎每個段落都會出現或精巧或華麗或奧妙或曲折的文字嗎？《憂鬱的熱帶》之所以讓許多非人類學領域的讀者忍不住一直讀下去，不就因為書中那種不可能在任何別人筆下看到的獨特語言嗎？

一個能夠耐心用近萬字篇幅來描寫落日的人，怎麼可能討厭文字？怎麼可能會要追求用抽象的公式或符號來取代千變萬化的現象？李維史陀非但不討厭文字，還對文字充滿了實驗與琢磨的熱情。一方面，他相信在紛紜眾多的表象背後，藏著簡單簡潔的道理；但另一方面，他卻又喜愛、甚至迷戀這些紛紜迷亂的表象。

李維史陀和「科學主義者」最大的歧異之處，就在看待現象與道理（或公式、或「結構」）關係的態度上。「科學主義者」主張的，是莊子比喻的「得魚忘筌」——現象不過就是提供我們認知、尋找道理的工具，重點在於運用工具所要捕捉的，而不是工具本身。因而得到了「魚」就可以丟掉用來捕魚的「筌」，整理歸納出道理後，就可以、也應該將現象拋開了。

李維史陀卻放不掉現象，對現象深切且真實地著迷。他不會、也不能將現象單純當作材料、當作工具，用了就丟。對他來說，現象不是一團雜亂的考題，等著人去整理出秩序，然後用秩序取代現象，有了秩序就可以擺脫現象。

所以，他成了人類學家，成了人類學知識性質的鮮明象徵、代表。人類學花費最大的力氣，耗掉最多的時間，在搶救、蒐集人的文化、社會現象。用窮究的精神，將偏遠的、少數的、短暫的、即將消逝的文化、社會，予以保留、記錄。其背後的邏輯是：只有將所有的人類文化、社會現象都予以採集了，我們才能有把握地去歸納人類集體行為的根本邏輯。人類學的論理依循的，是「黑天鵝定律」——看過再多白天鵝，我們都無法安心地相信「所有的天鵝都是白的」，只需要一隻例外的黑天鵝，就立刻推翻了「所有的天鵝都是白的」的論點。

人類學的論點，是超越文化藩籬的人類行為規則與意義，也就必然是廣泛、全稱的論點。既然如此，注定了人類學的任何論點，都受到「例外」的嚴重威脅。你怎麼確定人就是如此，而不僅僅是我們現在看到的人是如此？正如同；你怎麼知道天鵝都是白的，而不僅僅是我們現在看到的天鵝都是白的？

這樣的限制內在於人類學，促使人類學一直不斷去蒐集更多的人類文化、社會材料，非但不會因為人類學的發展、因為人類學的論理，而逐漸可以不去理會現象，反而每一項論理都刺激出更強烈的尋找「例外」的衝動，即便只是為了證明「例外」不存在，也就不能放鬆、放棄對於所有人類經驗現象的搜羅努力。

哲學將現象視為問題，甚至視為障礙，要解決了現象、撥開現象的障蔽，才看到真理的光。人類學卻是恆常往返於現象與道理之間的行為，蒐集了一些材料，做了一些規則推斷，然後再出發去尋找更多材料，回頭依照新材料調整原有的規則，創建新的規則。

至少，這是李維史陀想像的、心嚮往之的人類學知識動態圖像。他說：

現在，我時常想，人類學之所以會吸引我，是因為人類學研究的文明和我自己特殊的思考方式之間，有一種結構上的類似，而我自己（當時）覺察不到。我沒有興趣明智地在同一塊土地上年復一年的耕耘收穫、收穫耕耘；我的智力是新石器時代式的，猶如原始的燒墾農業，不時在未曾探索過的地方放火，使那些土地得到養分，從而收穫一些作物，然後就遷移到別的地區去，把燃燒過的大地拋在身後。

同樣是耕耘收穫、耕耘收穫，李維史陀要的是不斷從這個地方到那個地方去。他沒有要轉行做別的事，但他要在不同的地點，碰觸不同的因素，像新石器時代的人繼續探索農耕一樣，繼續探索他的人類行為深層「總意義」。人類學給了他這樣的學科特性，支持他的探索。

李維史陀絕對不是一個化約主義者。他沒有要提供我們化約後比較容易掌握的知識。很有意思、也很奇特，許多經過他整理歸納後的「結構」原則、定律，甚至比未整理前的現象，還更令人難以捉摸。

他會寫出《憂鬱的熱帶》這樣一本厚重的書，因為他始終一邊描述、一邊分析、一邊評斷、一邊歸納，描述、分析、評斷、歸納這幾件事，或說這幾項程序，在李維史陀的論述中，同等重要，也就同等耗費唇舌、耗費篇幅。

第七章

大知識

世界就像一隻小風車

《憂鬱的熱帶》第十六章，標題是「市場」，李維史陀在這裡寫著：

我到過各式各樣的市場：加爾各答的新市場和舊市場、喀拉嗤的孟買市場、德里的市場、阿格拉的沙把爾和庫那利市場、達卡一系列的市場，一家一家的人擠住在攤位與手藝者工作店之間的坑坑洞洞裡面；吉大港的里阿祖定市場和卡屯甘及市場、德里、沙爾、阿爾密和阿克巴里；佩夏瓦的沙達、達伯加里、錫爾奇、巴久里、甘及和卡蘭市場。阿富汗邊境開伯爾山口的鄉村市集、緬甸邊境的蘭伽瑪諦市集，在這些地方我看過水果市場和蔬菜市場，成堆的茄子、紅蔥頭、裂開的番石榴等，造成一陣強烈的番石榴味道；鮮花市場裡的賣花者把玫瑰、菊花和金銀箔絲、天使髮絲紮在一起；乾果商人的展示鋪，褐色、茶色的小丘以銀色紙張為背景；堆積如山的青椒，散出乾杏與薰香草的強勁氣味，足以使人的嗅覺翻騰不已。我看過烤肉者、煮乳餅者與製薄餅者（nan或chapati兩種薄餅）；賣茶者、賣檸檬水者、棗子中盤商等，把他們的貨品堆成黏黏的、由漿果和卵石狀果實組成的小山丘，看起來像是恐龍的排泄物；製糕餅者，常有被誤以為是賣蒼蠅者的危險，把他們的工具直接放在糕餅上；補鍋匠的鐵鎚聲百碼之外清晰可聞；編籃者和編繩者，他們黃色綠色的草；製帽者把像薩珊王朝國王所戴的帽子、編了金屬線的圓椎型卡拉帽與頭巾布穿插排成一排排；編織品店掛著長長的剛染成藍色綠色的布料，還有波卡拉式樣的鬱金香、粉紅色人造絲圍巾；櫥櫃製造者、雕木者和床鋪髹漆者；磨刀者拉著磨輪的電線；廢鐵市集和其他人分開，一板一眼毫無笑意。賣菸草者堆著金色葉子，有時是整堆赤褐色的中東菸草[1]，還有成把成把的陶製菸管（chillum）；賣木屐者，數以百計的木屐堆得像酒店的酒瓶那樣；賣手鐲

1 Tombak，主要產於土耳其和伊拉克的菸草。

者、賣鈴鐺者，貨品散放地上像剛剛剖腹取出的紫色、藍色玻璃腸子一樣；製陶者的商店，橢圓形、上過漆的陶土水瓶排成幾排；用混入雲母石的泥土捏成的罐子，有的是褐色的土器畫成棕色、白色和紅色，帶著蟲形的裝飾記號；陶碗串在一起，像念珠一樣；賣麵粉者整天在篩麵粉；金銀首飾製造者在秤小片小片的金銀，其店面卻還沒有鄰近的錫店更光鮮；印花布者以敏捷的、一致的動作在白棉布上印下精緻的花紋圖案；鐵匠在露天下工作。所有這一切，構成一個熙熙攘攘、井然有序的世界，在這個世界的頂端，小孩子的風車形成一座五彩繽紛的森林，風車都是放在小棍棒上，其葉片飛翔顫動一如在風中搖曳的樹葉。

好長一段！為什麼要抄這完整的一長段？因為照理說，這樣的文字我們看不懂，對我們沒有意義。李維史陀先是羅列了他到過的市場，那些地方，容我武斷地推測，誰都沒去過，甚至誰都沒聽過，而且就算在李維史陀的書裡接觸到了這樣的地名，這頁翻過去，我們就又將那些地名忘光了，不可能留存在心中。

地名列完了，接著換成羅列市場裡賣各種東西的人，並且用簡潔地幾個字形容那人及其貨品給予李維史陀的印象。

列了這麼多市場和市場裡的人與物，做什麼？我們如何閱讀這樣一段文字？我們應該閱讀，還是應該索性快速地跳過去？

一種讀法，是藉由這段的結尾，理解李維史陀主觀上在做什麼。他在進行一場文字與現象間的試驗。他要用文字傳遞矛盾而統一的感受——一個極度熙攘紛亂，卻又奇妙地透顯出井然秩序的景象。因而他的文字，也就呼應地如此建構，一大串熙熙攘攘的地方、人、物，讓人目不暇接的快速場面調度，但在這表面的凌亂中，卻始終存在著固定的結構與次序，呈現地名、製造者與物品的語法，頑固地重複。我們不需要認真吸收那些地方、人、物，光從文字上，就已經接收到「一個熙熙攘攘、井然有序的世界」了。

而且，這個世界還有其「詩的總結」（poetic conclusion）。詩人李維史陀用小孩子的風車來象徵地總結這份秩序，變動、繽紛，但都控制、綑綁在那根小小的棍棒上。

對於這段文字，還有另一種讀法，那是援引艾柯[2]的《無盡的名單》，從「名單」，lists，的角度來看待、理解李維史陀。

無盡的名單

《無盡的名單》是艾柯和法國羅浮宮博物館合作的產物。羅浮宮找了博學又充滿點子的艾柯，請他規劃一個主題，環繞著這個主題可以辦展覽、辦演講、有表演節目、有多元活動，還能出書。

艾柯想出來的主題，就是「名單」。人類的文明、歷史裡，有許多「名單」。人有蒐羅、排比「名單」的自然本能與衝動。《無盡的名單》書中，艾柯選擇了荷馬史詩《奧德賽》中的一個場景，作為思考、詮釋「名單」的開端。

那是《奧德賽》的戲劇性高潮。原本因為和希臘聯軍指揮阿格蒙農吵架，一直拒絕出戰的大將阿奇里斯，因為好友之死，改變主意披上戰袍，要到戰場上面對特洛伊人，為好友復仇。

在這裡，荷馬史詩描述了半人半神阿奇里斯手持的盾牌，那是他的母親——女神雅典娜——特別為他打造的。在那面盾牌上，有著各式各樣的花紋與畫面，史詩中用長篇文字一一羅列、一一描述。剛開始，我們一邊讀史詩上的文字，一邊在心中想像那面盾牌，將讀到的描述對應放到盾牌上去。然而讀著讀著，這樣的想像策略慢慢行不通了，在某一點上，我們終究必須放棄腦裡想像的那面盾牌，讓眼前看到的文字，還原就是文字。

因為荷馬列出來的花紋與畫面，簡直沒完沒了，而且花紋中有花紋、畫面中有畫面，不論那面盾牌有多大，不論打造盾牌的精工有多巧妙，要在盾牌上擠進這麼多東西，終究還是超過了我們想像力所能及的範圍。

不可想像，怎麼能在盾牌上放那麼多東西？同樣不可想像的，幹嘛要在一

2 安伯托・艾柯（Umberto Eco, 1932-），義大利中世紀學學者，也是著名作家。

面盾牌上塞進這麼多圖樣呢？

這就是「名單」，艾柯找到的，西方文明最早的一張重要「名單」，展現了「名單」的起源，與「名單」的道理。當事物的數量超出我們即時的掌握，我們就開始列「名單」，尤其是我們還沒有把握該把什麼放進來、把什麼排除在外時。「名單」幫我們確認龐雜、眾多事物之間的彼此關係。

最簡易常見的 lists，包括我們的「工作單」，列上該做的工作，在那過程中同時確認這些工作和我之間的關係。最簡易常見的 lists，也包括記者會、開幕典禮或婚宴的「邀請名單」，列出該請、該來的人，列單的過程中當然也就在確認這些人和這個活動之間的關係，以及和主人之間的關係。

絕大部分的 lists，不是明確、固定的，而是一直在調整、變動中。換個方式說：往往就是因為我們沒那麼確定哪些事該做、哪些事沒那麼需要做，所以才去列「工作單」；就是因為不確定到底該邀請多少人，哪些人該邀、哪些人可以不邀，所以我們要列「邀請名單」。「名單」列出來，一部分的作用，就是為了要改變，劃掉這些、增補那些，改得花花綠綠的「名單」才是正常的

「名單」。

艾柯點出了：「名單」和人類創造的其他文本很不一樣，「名單」是為了不確定、為了修改而存在的。「名單」假定了open-ended、indefinite的特性。Indefinite在中文裡譯為「無盡」，不過其字義中，另有「未定義」、「游移不確定」的含意，兩種含意都在艾柯的思考中，「名單」既是「無盡」的，也是「不確定」、「未確定」的。

拒絕化約

在文本形式上，「名單」對應「描述」。當我說：「在我眼前的，是『誠品講堂・經典堂』的學員們。」「『誠品講堂・經典堂』的學員們」就是對於所有這些人的「描述」。然而如果遇到這個課堂的老師臨時有事，必須改變上課時間，「誠品講堂」的工作同仁要通知大家，這時候，他們無法依賴「描述」，他們得要找出「學員名單」，上面列了一百多、將近兩百個名字，加起來當然比「『誠品講堂．經典堂』的學生們」這幾個字要長得多。

不只如此，對我而言簡單的「『誠品講堂．經典堂』的學員們」，在同仁的工作上，卻存在著好幾個表，好幾個不同的分類名單。舊學員、新學員是一個名單。女性學員、男性學員是一個名單。學員職業別是一個名單。誠品會員、非誠品會員是一個名單……說不定在他們私下談話中，還有另外的「黑名單」。

「描述」的盡頭，「名單」升起。意思是，當統納性的描述或定義不足以處理這些成員或現象時，我們只好訴諸一一羅列的方式來掌握、來理解這個分類群組。延伸來說，也就表示：「描述」處理的，是群組的相似性，用語言、文字將這個群組的共同特性講出來，就形成了「描述」；而「名單」處理的，則是群組中的差異性。

還是用前面的例子，就我作為一個老師的角度，只需要認識眼前的人都是學員這項特質就夠了。他們都被統納在這項特質中，忽略、泯除了這項特質以外的其他因素，所以才能用十一個字就把他們都一起講完了。但他們並不是真的都一樣，他們有許多在「學員」身分以外不同的部分，無法在「描述」中呈現。最簡單一件事，他們都有不同的聯絡方式，不同的電話號碼和電子信箱，要呈現他們這方面的差異，就需要一份「名單」，一份「學員通訊錄」。

因而，「描述」與「名單」之間的關係，很像前面提到的「原理」和「現象」的關係。找到了原理，我們就能將現象統納在共同原理的「描述」中。但有兩種狀況，「描述」走不通，我們轉而運用「名單」。

一種狀況是事物的差異無法再被化約，再化約下去，就失去了作用。最好的例子是「化學元素表」，一百多種化學元素必須列表顯示，因為它們都是「元素」，都是沒有辦法再拆解的基本物質，具備同等的獨立性。

還有一種狀況是：我們主觀上抗拒取消各個成員的獨立性，故意用「名單」來提醒差異的存在，來保留對於差異的尊重。

後面這種狀況，最鮮明的例子，就是美國的「越戰紀念碑」。那是一塊什麼樣的紀念碑？大片的石頭，上面刻滿了名字，基本上每個在越戰中陣亡的美國軍人，名字都列在上面。「在越戰中陣亡的美國軍人」是這塊石碑要紀念的對象，是這些人的共同「描述」，然而透過這樣的「描述」，他們作為活生生的個體的事實，似乎就被矮化了，不再是真實的人，被放在一句「描述」、一個大分類中，失去了其個別性。所以要將每一個名字，幾十萬個名字，構成一個大「名單」，刻在大石板上。

這是「名單」的特殊意義、特殊作用。保留個體、保留差異，同時也就有了凸顯個體、凸顯差異的作用。

條列式的「名單」，外表很整齊，形式上很一致。然而艾柯提醒我們：如此整齊、一致的外表是個相反的假象，裡面藏著的，是拒絕被統一理性收納的不馴差異。「名單」隨時帶著不安、不確定，刺激人們聯想到「名單」之外，沒有被納入「名單」的部分。

李維史陀用「名單」式的風格寫市場，我們讀了，很自然在心中感覺到：哇，這麼多不同的市場，這麼多不同的市場活動。我們不會覺得李維史陀已經窮盡羅列了他去過的市場，更不會覺得他已經窮盡了市場上值得被記錄的現象。閱讀這樣的「名單」，我們的心思跳到「名單」以外，不自覺地吸納了市場近乎無盡的多樣性。

市場的多樣性可以無窮無盡地繼續列下去，對應對照出我們一般語意與一般生活想像中，「市場」這個名詞的內容有多貧乏。聰明的李維史陀，他用看來和「市場」全然無關的孩子的風車來總結「市場」，那樣詩意的總結不是真正的歸納，風車不能取代市場熙熙攘攘的無窮多樣活動，風車只是象徵性地顯示了「描述」的困境，「描述」無法取代要被描述的那些熱鬧現象，如同再精巧的歸納道理，都不能、不該取代、取消紛紜現象一樣。

訴諸「名單」式的寫作法，李維史陀在書中展示了抗拒分類理性的姿態。人類文明不能用「市場」或「熱鬧的市場」或「市場交易」的抽象分類予以簡化、把握。每個市場有其不同的熱鬧方式，在市場上交易的貨物有其各自不同的樣貌，更重要的，還有那些人，那些真正在市場上做東西、賣東西的各種不同的人。

類比式思維才是主流

沙特後期的哲學大書《辯證理性批判》中，有一章內容是專門討論李維史陀的。文中其實對李維史陀有不少肯定、稱讚之詞。針對沙特的評論，李維史陀特別在《野性的思維》的新版中，加了一章，予以明確回應。其中，李維史陀彰顯了他和沙特在思想上的根本差異，無法調和、無法妥協的差異。

雖然沙特的「存在主義」最響亮的口號是「存在先於本質」，看似要擺脫「本質」，但看在李維史陀的眼裡，沙特的哲學始終都還是「本質式」的。沙特的思想，包括他對「本質」的檢討與批判，仍然都是分析理性的。分析的進行，必然要有分類、要有「描述」。要先描述問題、描述被分析的對象，才能開始進行分析。然而那樣一種為分析服務的「描述」，只能出於統整理性方式的「描述」，本身就已經是「本質式」的了。

「本質式」的特性，內在於沙特思想中。李維史陀認為在這一點上，沙特非但沒有超越原有的哲學傳統，還愈陷愈深。沙特進一步膨脹了「主體」，讓「主體」取得自主去分類世界、描述世界的權力，「主體」自我膨脹所產生的世界圖像，必然離真實愈來愈遠。如此與現實世界脫節的圖像，讓沙特犯下了錯誤，誤以為人可以有絕對的自由，存在上的自由。

相對地，李維史陀自己的思想模式，則是「類比式」的。「類比式思維」，是他和沙特，乃至他和整個西方哲學傳統間，最大、最根本的分歧。李維史陀寫市場，就是這種「類比式思惟」的具體展現。或者援引艾柯的洞見，用「名單」而非「描述」來處理現實現象，就是「類比式」的。

不是用分類的眼光，將「同類」的現象都放在一起，給一個「描述」，而是隨時察覺、認知沒有任何兩個現象是完全一樣的，只是依照其相近的類似性將它們擺在一起，那個叫做「市場」的名詞，不是一個可以被定性「描述」的類別，只是一個寬泛的範圍概念，包羅了許多彼此類似、卻又各自不同的現象。我們無從描述「市場」，只能將眾多相似的交易買賣活動，其中的地方、人、物羅列出來。那是一張關於「市場」的「名單」，而且必然是一張「無盡的名單」。

「類比」才是反本質的。「類比」將近似的東西放在一起，因而「類比」沒有確定性，不同的現象之間，會有不同的、無窮多的類比關係。類似的顏色、類似的溫度、類似的速度、類似的尺寸、類似的圖形、類似的運動方向、類似的膨脹縮小變化、類似的滋味、類似的粗細觸感……不一樣的「類似」，就聚攏不一樣的物件、現象，就讓這些物件、現象產生不同的關係。

這是一種特殊的思維方式，大異於西方哲學與科學傳統的思維方式。李維史陀進一步主張：這是現代西方人誤以為很特殊的思維方式。殊不知若是放進到人類歷史與人類文明的全幅景象中看，其實這種「類比式思維」才是主流，大多數時代的大多數人，都是用這種「類比式思維」去建立他們和現實之間的關係，反而西方哲學與科學走的「本質式」路徑，才是少數、才特殊少見。

這就是「野性的思維」。李維史陀另外一本名著，書名就叫《野性的思維》*La Pensee Savage*，直譯的話，應該是《野蠻的思維》，或《野蠻人的思考》，或者《野蠻人的沉思》。取這樣的書名，內在有著李維史陀的挑釁動機。看到

pensee這個字，法國人最熟悉的，是帕斯卡[3]的名著*Pensees*，中文譯為《沉思錄》，連帶浮上來的聯想影像，是努力苦思所得的智慧結果。

在常識中，只有文明人，而且是受過高度教育的人，才會「沉思」，才有「沉思所得」pensee或pensees。李維史陀故意在書名中創造這種對比的疑惑、驚訝效果，「野蠻人的沉思」？野蠻人有思想？野蠻人會沉思？會有沉思所得？野蠻人之所以「野蠻」，其中一個定義，不正就在於他們不思不考，按照本能而活著嗎？

用這種方式，李維史陀要凸顯：你們以為的pensee，不是唯一的思想方式，不是理所當然的思想方式，在你們忽略、遺忘之處，存在著更龐大的另一種pensee，另一種思考、思維型態。

3 布萊茲．帕斯卡（Blaise Pascal, 1623-1662），多才多藝的法國學者，在哲學、神學、物理學、數學、化學、音樂學等領域均有重要成就。

第八章

野性思維

不受科學因果證明所侷限

在《憂鬱的熱帶》第十一章中，李維史陀這樣說：

> 我們法國人似乎仍然一直是從十九世紀繼承下來的那種探討科學與知識的態度的奴隸。十九世紀的時候，每個知識領域的範圍有限，一個具備傳統上的法國特質的人——一種廣博的、一般性的文化教養、思想敏捷、思路清晰、會邏輯思考的腦筋，加上良好的文字能力——就能夠完全掌握整個知識領域，光憑個人單獨孤立工作，就可以對整個知識領域加以重新思考，然後提出他自己的新的綜合。不管是喜歡或討厭，現代科學與學問不再容許這種手工藝人式的研究方法了。

他說他自己的智力是「新石器時代」式的，他張揚「野蠻人的沉思」，他在這裡提了「手工藝人式的研究方法」，幾種不同的說法，其實指向同樣的重點——反對、拒絕分類分工，提示在分工、分類之外的其他人類知識的組織原則。

「類比式思維」被「分類式思維」或說「本質式思維」取代了。存留在許多原始文化、傳統文化中的「類比式思維」，今天被視為是落伍的、不科學的、甚至是反科學的。一個手工藝人，他不在乎物理與化學的分界，他腦袋中既沒有力學原理，也沒有3M的材料化學實驗結果。他按照自己要親手將工藝品做出來的需求，來吸收、安排他的知識。對於許多用以完成工藝品的技能，他只知其然，而不知其所以然。他一個人學習、掌握所有完成工藝品所需的知識與能力，不求助別人協助，也就不和別人分工。如此一來，他既無法靠著學習原理原則來精進他的技能，也無法利用分工帶來的便利，讓工藝生產更有效率。

但他維持作為自己工藝產品的主人。他的工藝品就是他的世界，透過製造工藝品他同時在創造他自己的世界，自主選擇和世界上的哪些事物發生關係，也自主選擇忽略哪些事物。他和世界的關係，不是本質的、必然的，而是隨著他的工藝品而發生的類比關係，哪些事物剛好與他的工藝品相近相類似，就進入他的世界關係中，每一樣都是具體的、都和他或他的工作有切身類似性。

李維史陀一方面彰顯「類比式思維」的存在，另一方面他又對「類比式思維」帶著一種切身的感情或懷念。他不是單純從客觀人類知識研究的角度談「類比式思維」，他是以一個帶有「類比式思維」習慣的人的立場，在舉世滔滔皆為本質思維、皆為科學理性的洪流中，替「類比式思維」辯護，同時也就是替自己的思維與行為辯護。

他不要做科學理性主宰下的分工學者。他當然不會去寫那種有一大堆「共同作者」的論文。他當然不會想花力氣去研究、去證明某個大理論中的一個小環節。他甚至沒有要帶著一群助理、助教去完成一個可以申請到龐大經費的大計畫。他要的，是保留那種手工藝人式的工作法，一個人搞定一切，依照他建構理論的需要，自己去尋找、去創造所需的材料、工具。依照現代科學理性的分類原則，這些材料、工具屬於好幾個不同的學科，有不同的研究性質，但李維史陀不爲這些分類，堅持依照他的「工藝」所需，依照自己的類比類似原則，這裡拿一點、那裡拿一點，創建出了他獨特的知識學問系統，無法複製、很難歸類的一套大理論，如同個別工匠窮其一生手工打造出來的工藝品般，無法放入現代學術分工架構中的奇特知識成品。

傳統中相信的「吃腦補腦」、「吃肝養肝」就是典型的「類比式思考」，動物的腦、動物的肝，和人腦、人肝有明確的類似性，所以就把它們放在一起，產生關係聯想。

但這樣的想法在科學理性中是行不通的。科學要先將腦和肝的成分分解開來，按照其營養與吸收的性質進行分類，然後弄清楚人的消化過程，最終建構起吃腦、吃肝對人體作用的因果鏈結。

關鍵在於「因果」。「類比式思維」直覺認為兩種類似的現象必然存在某種親近關係，但科學理性要追究：是否真有關係存在？是哪種關係？在所有可能的關係之間，科學理性基本上只認因果關係，可以確定、可以重複、可以預期的因果關係，有此因於是有其果，才是有效、值得探索的關係。

李維史陀要探求的「總意義」、「結構」，有一部分無法用嚴格的因果論來建立，無法分析證明。但他拒絕因為無法證明、無法以因果表達，就否定「總意義」、「結構」的存在，及其重要性。「意義」、「關係」，有科學理性分析及因果推論無法涵蓋的，李維史陀堅持這個立場，而「野蠻人」、「新石器時代」、「手藝工匠」的思維模式，看待世界的角度，是他援引來說明並衛護這個立場的資源。

其實不只李維史陀，佛洛伊德的「潛意識」也不在科學因果證明範圍內。榮格的「集體潛意識」、「原型」也不在科學因果證明範圍內。他們都對於科學理性感到侷促不耐，都希望在科學理性之外，找到更廣大的知識可能性。

生活在現代藝術的黃金年代裡

沙特是法國教育系統中養成的好學生，將這個系統中最看重的哲學學得好極了。雖然他後來涉足文學，寫過劇本，甚至還如同鬧劇般得到了他拒領的諾貝爾文學獎；他的存在主義思想也在文學、藝術領域產生了莫大影響，但沙特自身不是個藝術家、藝術工作者。他始終是個哲學家、公共知識分子，他最舒服自在的角色，應該是人生與社會的導師吧！

沙特的劇本，為了彰顯存在哲學；沙特評論波特萊爾，重點也不在詩與詩學，而在利用波特萊爾來討論他自己的哲學理念。

李維史陀的背景及身分認同很不一樣。他出身世俗的猶太家庭、音樂世家，所以他會用「數學和音樂」當作自己知識建構的典型，他甚至說過，他的人類學學問研究，比較接近作曲家的創作歷程。

年輕時，他放棄了法國哲學菁英重鎮「高等師範學院」，轉而念了巴黎大學，一直對以哲學作為志業有著猶豫與抗拒，相對地對視覺藝術和音樂具有高度興趣。

李維史陀一直到二〇一〇年才去世，很容易讓我們對他的輩分、他經歷的時代產生錯覺。他去世時高齡一百零二歲，換句話說，他出生於一九〇八年，成長於二十世紀初期，他還來得及親身經歷那段時間巴黎的「現代主義運動」

狂潮。

看過伍迪．艾倫的電影《午夜巴黎》嗎？午夜鐘響時，那輛神祕的車就是將男主角帶到了那個時代的巴黎——費茲傑羅、海明威、畢卡索、蒙德里安、達利、布紐爾、葛楚史坦……那就是李維史陀年少時生活過的巴黎，被許多人——包括電影裡的男主角——視為巴黎最美好的時代，現代藝術無可取代的黃金年華。

李維史陀在報章上發表的第一篇文章——掛的是別人的名字——寫的是畢卡索與立體主義。文章中他先表示了對印象派的不滿，認為印象派只是一種光、影的遊戲，只是畫家用顏色、筆觸、構圖來表現光影；立體主義反對印象派，表面上看來和印象派如此截然不同，但年輕的李維史陀認為，在根柢上，立體主義也仍然是遊戲，在這份性格上沒有真正和印象派分道揚鑣。只不過印象派是感官的遊戲，而立體主義則是觀念上的遊戲。前者給你新鮮的視覺感官，讓你驚訝怎麼會用這種方式來模擬自然的光影；後者給你新鮮的思想刺激，讓你意外竟然能想出在透視法之外，另一種全然不同的，在二維畫布上表現三維空間的方式。

印象派做到的，是視覺距離上的迷惑。一直到今天，西方主要美術館都一定有重要的印象派收藏，印象派的展間必定吸引了最多人，而且展間裡流連的觀者必定不斷向前、後退，持續調整變化自己和畫作之間的距離。

遠看，畫中就是自然光影的描繪，不同的時刻、不同的天氣、不同的亮光與陰影。但靠近些看，具體的形象，不管是教堂、池塘、蓮花或大樹、海波、遠帆卻神奇地消失了，只剩下一條一條或一點一點的顏色，怎麼能用如此細碎、看來零散的各種不同明暗顏色，看來無序的筆觸，建構起我們退後時看到的具體自然景象呢？這是印象派的迷人魅惑所在。

那立體主義呢？畢卡索那種乍看之下混亂錯雜，沒有清楚形象的畫作，標題叫〈女人與吉他〉，但畫面上，不管近看或遠看，女人不像女人、吉他不像吉他的作品，又是怎麼回事？

李維史陀很清楚，一旦我們明白了立體主義的觀念基礎，所有的混亂錯雜就不會再是困擾。立體主義訴諸的，不是感官，而是智識。

智識思考的原點，是二維平面和三維現實之間的根本差異。畫家所做的，就是將三維現實轉寫到二維畫布上。過去傳統的作法，是選擇一個視點，將事物按照與這個視點間的距離來安排。利用線條角度、大小比例、陰影方向，創造出遠近感，從而複製出立體景象。

這是大家熟悉的透視法。但畢卡索他們不走這條路，他們經由地圖製圖學得到不同的對應靈感。地圖也是一個二維平面，但要放在上面的，則是地球球體的表面。顯而易見，這時透視法就派不上用場了。將一個地球儀摹畫出來，不會是有用的地圖，從單一視角看，如果眼前是日本，那麼相對於日本，中國的距離較遠，比例上面積變小了，更麻煩的是，這樣的透視只看到地球的一面，有日本就一定看不到美國、看不到巴西。

我們習慣用的地圖，一定既能看到中國又能看到美國，既能看到格陵蘭又能看到紐西蘭。形式上，這種地圖像是將地球表面剝一層下來然後攤開。換從視點來看的話，那就是無數多的視點，將各種不同視點，從東看、從西看、從南看、從北看……所看到的地球，都一起記錄下來，才會產生那樣的二維圖像。

立體主義就是將這種多視點的觀念，帶進到繪畫中，製造了革命。在畢卡索的畫裡，你看到女人的前身，又看到女人的側影，既看到她的胸部，竟然也看到她的屁股；你從這個角度看到她和吉他的空間關係，卻又同時從另一個角度看見她和吉他完全不同的空間關係。過去的繪畫，從來沒有出現過這種奇怪的多視角景象，沒看過用這種多視角在畫布上呈現的立體效果。

我們被眩惑了。但李維史陀沒有。他清醒地看出：搞懂了立體主義採用的觀念，一下子那樣的畫面就變得可以理解，沒什麼了不起，所以他說立體主義也是遊戲，另一種遊戲。

但有意思的是，早在那個時期，李維史陀寫的文章就有了矛盾的特質，或說一種不用單一角度論證，喜歡on the one hand...but on the other hand的自我拉鋸風格。On the one hand，立體主義是觀念遊戲，而且還是有點幼稚的遊戲；but on the other hand，畢卡索真是個天才！

從論理的角度，李維史陀批判立體主義；但他真的不只有哲學、美學論理的這一面，另外從藝術、從創作美感的直覺上，他卻能深切體會畢卡索的成就，離開了立體主義觀念遊戲仍然可以獨立存在的天才突破。

李維史陀盛讚畢卡索，不管以什麼樣的風格創作、不同時期的作品，「都能碰觸到人類真實的羞恥的痛苦」。當畢卡索畫一個人脫下衣服時，我們看在眼裡會覺得那人好像是要將身上的皮扒下來般。

前面理路清晰地剖解印象派和立體主義，到後面，說到畢卡索，評論畢卡索的作品，李維史陀卻卸下了論理的語言，毫不遲疑地換上了詩的語言、藝術的語言。

一起向野蠻人學習

李維史陀對藝術有一種直覺關係，而且他很珍惜這樣的關係、這樣的經驗。他持續關心著在藝術領域中發生的變化，這使得他和別的人類學家看起來很不一樣，但放在那個時代——二十世紀初——的背景下，卻又是使得他選擇成為人類學家的強烈理由。

衝擊、培育二十世紀現代藝術的一道活水靈泉，就是「原始藝術」——從美洲印第安人、非洲黑人部落裡找到的工藝品。比立體主義稍晚些，另外一個在歐洲捲起的潮流，是「野獸派」。為什麼叫「野獸派」？不是因為畫面上都是野獸，而是那樣的粗樸粗獷畫風，來自非洲、美洲原始「野蠻」部落工藝文化的影響。傳教士和人類學家從遠方帶回來的「原始藝術」、「土著藝術」震撼了歐洲那一代的年輕藝術家。

畢卡索說得最好，有一次被問到為什麼喜歡「原始藝術」，他回答：「因為裡面總是存在著一種對抗恐懼、克服恐懼的成分。」那種莫名的恐懼，以及恐懼所激起的莫名的對抗勇氣，和莫名的克服信心，都是「文明藝術」裡沒有、不會有的。文明人知道太多，文明人對於規律與安全感有太高的要求，都讓我們和那種恆常的恐懼失去了聯繫，無從感受活在恆常恐懼中的生命力量，應對恐懼、活在恐懼中非得要有不可的那股力量。

二十世紀初期的藝術家嚮往那樣的力量，簡單、必然、直覺、放縱。「向野蠻人學習」成為他們創作上重要的座右銘。在馬蒂斯的畫中，視角不統一、比例混亂、顏色粗獷，但那些牽手跳舞的人形就是傳達了神奇的動感，神奇的人與人間彼此信任連結的歡慶熱鬧。所有訓練的成就在此消失了，沒有光影、沒有線條、沒有可供分析的布局、沒有值得探討的筆觸，但真的，裡面有著不理會恐懼、執意要在不安定、不確定中叫喊歡唱的快意。

十九世紀的學院派、印象派，已經將文明的精巧細緻推到極點了，接下來還能怎麼樣？二十世紀找到的一個答案是：我們可以反璞歸真，可以改用減法，學習什麼都沒有的野蠻人，取消技巧、取消精細的考究，更重要的，取消文明所提供的安全與規律，來看看這樣作為人，作為感官藝術家，我們身上還剩下什麼？

從一個角度看，李維史陀和這些人同時期，和這些運動同步成長。換另一個角度看，李維史陀沒有成為一個藝術家，他成為一個研究者、學者。他和這些具備同樣的衝動——一份對爛熟文明的不耐煩，因而熱切地轉向野性、野蠻的異文化學習的衝動。然而作為一個學者，他沒有將學習結果轉成可以獨立存在的一件件作品，而是必須表現在一套極其龐大、極其複雜的思想與理論體系上。

這又是他的矛盾。向野蠻人學習、撥開文明的爛熟成就後，李維史陀沒辦法給我們像馬蒂斯給我們的那種單純、直覺感動，他給的，是「更高級的知識」。

跨越學科壁壘

《憂鬱的熱帶》第十三章：

像審美家一樣，魚把氣味分成淺與濁，蜜蜂把亮度按重量區分，重的是黑暗，輕的是光亮；那麼，畫家、詩人或音樂家的作品，就像野蠻人的神話和象徵一樣，也應該被看作是真正我們人類都共同具有的最基本的、也是唯一的知識，如果不是一種更高級的知識的話。科學知識、科學思想只不過是尖銳的刀端，因為不停地在事實這塊磨刀石上面研磨而更具切刻力，不過也以喪失事物的本質為代價。

李維史陀主張：「畫家、詩人或音樂家的作品」比較接近「野蠻人的神話和象徵」，是我們文明中的「野蠻」。相對地，文明中的「文明」，那就是科學知識、科學思想。這兩者最大的差別就在於：科學一直不斷在切割事實，切割分析愈多事實，科學就變得愈銳利，愈有本事去切割更多事實。然而，用切割的方式，科學愈銳利，切割得愈多，也就離事物的本質愈遠。

反而是像魚或蜜蜂那樣，不按照科學性質來把握牠們的環境與生存條件，將氣味與深淺、清濁搞混了，將重量和明暗搞混了，反而才是對事物更根本的理解。「野蠻人的神話和象徵」也是如此，「畫家、詩人或音樂家的作品」也是如此，都是不用切割的方式，而用相反的混同方式，因而建立起的「最基本、也是唯一的知識」，也就是「更高級的知識」。

我們一般將文學、藝術視為最「文明」的成就，是「文明」和「野蠻」的區別所在，李維史陀卻弔詭地將文學、藝術看作是「野蠻」在「文明」之中保留下來的特區，野蠻、野性的非分析性思維，在科學理性壟罩的環境中，只能被留在文學、藝術裡。

這種對於文學、藝術的看法，明顯來自二十世紀初期現代主義運動的影響。從這裡，李維史陀的人類學有了相應的巨大問題意識，要問：在文明之前，在文明開始之際，原本包納了生活全部的「野性思維」、「類比式思考」，如何在文明的推進變化中，逐漸退縮，讓步讓路給科學理性，以至於到了我們的時代，只剩下文學、藝術中還能保有這種本應「最基本、也是唯一的知識」呢？

在這個問題意識下，李維史陀表面做的是人類學的研究工作，但他絕對沒有要將人類學視為一個牢固的學科範疇。他自我認同的，是一個「個人單獨孤立工作，可以對整個知識領域加以重新思考，然後提出他自己的新的綜合」的角色，反對科學，也反對理性下的學術分工。

廣泛地來看，人類學的形式；迫近地來看，《憂鬱的熱帶》中記錄的航程經驗，其實都不過是李維史陀借用來「提出他自己的新的綜合」的架構而已。在他心中，並未有學科壁壘和學科傳承，他沒打算要依循過去的遊記文類模式，和曾經存在過的遊記經典、重要遊記作家遙遙對話；他也沒打算要把自己擺入人類學的系譜裡，將人類學這門學問朝什麼方向推動。

我們在《憂鬱的熱帶》中讀到、遭遇到的，是李維史陀整理了手上的種種材料，要讓這些材料帶他通往那浮現中的「新的綜合」，一段關鍵路程，也是一份初步呈現。不同於一般的遊記，《憂鬱的熱帶》記錄物理空間的移動，是為了同步記錄李維史陀這顆帶有藝術敏感的單獨孤立思考心靈的進行。

第九章

前往新世界

萬物還來不及命名的新世界

在物理空間上和在心靈綜合上的移動，具備同等重要意義的方向，是從「舊世界」去到「新世界」。

「新大陸」、「新世界」最大的意義，還是馬奎斯在小說《百年孤寂》開頭說得最好：「這個世界太新，萬物還來不及命名，許多東西只能用手指去指。」「新」就新在這裡的現象尚未被掌握，連名字都沒有，也就不會有從名字而來的分類整理，每樣東西、每個現象還沒被放進共同的名字裡，都還保有了其獨立存在，這個那個，不是概念指涉，而是必須實存在眼前，能夠讓人用手指去指，無法光是靠說名字，靠想像，就將東西、現象叫喚出來。不在眼前、不能用手指去指的，就等於不存在，就無法為人掌握。

那個世界，有真正的新鮮感。什麼樣的東西該和什麼樣的東西放在一起，還不確定，尚未固定；這件事和那件事之間的關係，也還不確定、尚未固定。

對比下，人會格外清楚理解「舊世界」之舊，「舊世界」的根本限制，那就是人喪失了可以看待、決定事物關係的空間與自由。在固定的架構中，連什麼和什麼「類似」的觀念與觀察，都從生活中被取消了。

李維史陀在《憂鬱的熱帶》第十三章中如此記錄：

有一段時間，在一九二五年左右，用類似（劃分娛樂區）方式建立的馬瑞里亞[1]，新建的六百間房子裡面，將近一百間是妓女戶，其中大部分是年輕的法國女人[2]，她們和法國修女是十九世紀的法國海外事業中最活躍的角色。法國外交部對這一點相當明白，因為在一九三九年，它還把其祕密資金中相當可觀的一部分用於傳播所謂不規矩的雜誌。巴西最南部的一

1 Marilia，巴西南部的一座城市，屬於聖保羅州。

2 Francesinhas，在葡萄牙語中又指「年輕的法國女人」。

州，是南里約格蘭德州[3]。如果我說「南里約格蘭德州州立大學」的創建，和那所大學的偏愛法國教授，這些事實都和一個獨裁者年輕時曾在巴黎認識一位妓女有關，我想我的一些同事們大約不至於和我唱反調吧。那個年輕的妓女，使這位未來的獨裁者對法國文學與法國的自由發生興趣。

這簡直像是出自馬奎斯小說中的情節嘛！李維史陀整理出來的過程是這樣：巴西這樣一個新國家，用直接在地圖上畫線分區的方式規劃，特別規劃了一個蓋滿妓女戶的「娛樂區」，在這裡，最吸引人的，是號稱從法國來的妓女，法國外交部也贊成贊助這種讓巴西人親近法國、支持法國的「國民外交」。除了馬瑞里亞娛樂區之外，一個巴西年輕人曾在巴黎認識一名妓女，因而產生了對於法國的好感、甚至種種幻想。這個年輕人後來成了巴西政治上的獨裁者，他就運用自己的權力，在最南部的南里約格蘭德州蓋了一所大學，指名要招攬法國教授到那裡教書，李維史陀就是在這樣的風氣下前往巴西。

原來，這一切，李維史陀的人類學生涯、他的旅程、包括我們正讀著的這本《憂鬱的熱帶》，溯源來說，都來自那個法國妓女啊！

這是「舊世界」不可能出現的事，只會發生在「新世界」。「新世界」的妓女，就不是「舊世界」的妓女，或者該說，「新世界」的妓女在社會上扮演的角色，能發揮的作用，完全不同於「舊社會」中所固定範限的。賈西亞·馬奎茲的小說中，出現了多少妓女與妓院，他生前寫的最後一部小說，書名上就有「妓女」。他年輕的時候，是在妓院裡混大的，而且不只他這樣，他那一代的拉美青年，都有他們極其豐富、感性、深刻絕不止於肉體買賣的妓院經驗。妓院是他們的青年宿舍、革命酒館，妓院鴇母是他們的媽媽、房東、舍監，也是他們的銀行和債主。至於妓女們，是妓女、是姊姊，也是心理諮詢師，如果是個來自歐洲的妓女，那就理所當然還兼做他們望向歐洲文明的一扇窗口。

在「新世界」，妓女和獨裁者，真實與魔幻，宗教和煉金術，傳奇和記錄……都還沒有分開，可以在一起發展種種關係。進入這樣的環境，當然有助

3 南里約格蘭德州（Rio Grande do Sul），又譯為「南大河州」。

於李維史陀對照看出文明與野蠻的弔詭，看出文明與野蠻間不同的、甚至相反的對照。

一般的概念中，文明是豐饒，野蠻是困乏。辨認野蠻的一種方式，就是發現在那裡，沒有電、沒有自來水、沒有玫瑰花園、沒有詩……文明的成就、文明的享受付諸闕如，那就是野蠻。然而李維史陀和二十世紀初的現代藝術家們，卻將這樣的對照倒反過來。野蠻有直覺、有恐懼、有活力、有節奏、有自然……而這些，文明通通沒有。

更進一步，李維史陀試圖解釋：這些野蠻中的豐饒，為什麼在文明中消失了？文明如何喪失了這樣的豐饒，變成現在的貧乏？

還要再進一步，李維史陀追問：這些野蠻中有，而現在在文明中消失了的元素、特質，難道是專屬於野蠻，無法和文明共存嗎？

問這個問題時，李維史陀其實心中已有答案，至少是答案的方向。野蠻中的元素、特質，有很大一部分是人類的共同資產，只是在文明中被排擠到看不見的地方，或變形為很難辨識的其他現象了。所以我們這一代文明人的任務之一，就是到平常不注意的角落翻找，或撥開層層堆積的變形迷霧，找出那其實是野蠻與文明共同的部分，屬於全人類的「總意義」、「結構」。

新興的衰敗／熟成的滋味

《憂鬱的熱帶》這本書無法歸類，因為其寫作企圖本身就是拒絕歸類的，不，還不只如此，是要反對歸類、推翻歸類的。李維史陀以「名單」式的風格在書中塞進了多到可以徹底打敗分類、歸類衝動的不同性質的內容。

五、六百頁的篇幅，不為不多，但如果計入內容的密度，這本書所提供的閱讀考驗、閱讀樂趣，恐怕比得上一般書籍一、兩千頁的內容。處處都是我們沒看過、沒想過的觀察與洞見。

隨手舉例，李維史陀到達巴西，他對南美洲快速形成的城市的觀察是：

……令我印象最深刻的，倒不是這些地方是如此的新，而是這些地方過早的老化……它一再地追逐更新重建的過程中，唯一值得稱道的就那麼短短五十年的時間，五十年對我們歷史悠久的社會來講是太短暫了，但由於它缺乏時間的深度，也就足以提供一個可以對那一閃即逝的青春眷戀不已的機會了。

在他眼中看到的是：「新世界的城鎮從新鮮直接進入衰敗，中間沒有年老時期。」那是一種倉促催趕的時間，什麼都用匆忙的方式建造起來。蓋得很快，蓋起來的時候很新很亮，然而表面的光亮很快褪退了，匆忙蓋起來的東西也就立即進入衰敗狀態。這中間沒有真正的成熟、長大，來不及出現穩定的都會面貌，一下子城市就朝廢墟邁步前進。

早於後來一度風靡流行的「依賴理論」經濟學[4]，李維史陀藉由觀察南美洲城市，在書中就已經提到這裡有發展，而沒有真正的進步。一個城市興起了，又快速衰敗了，於是在鄰近的地方又風風火火出現另一個城市，原來的城市五十年間就變成了「舊城」，甚至變成了「鬼城」，然而那另一個城市，也複製同樣的生命週期、同樣的變化。表面上看來，「城市化」區域愈來愈廣大，實際上卻沒有時間讓任何一座城市成熟，每座城市都是急就章，無法提升、無法進步。

李維史陀看到的南美洲城市困境，也曾經出現在台灣。急就章的房屋、簡陋的公共建設、隨時準備棄舊翻新的心態，使得台灣的城市新舊雜陳，新的很新、舊的很破舊，並排在一起醜惡不堪。花了許多時間，這些年台灣才慢慢學著如何讓城市「老化」，保留、進而創造城市的歲月優雅，整體來說，台灣的城市仍然呈現著過去急就章噩夢留下的雜亂，但至少增添了一點時間感，讓雜亂上面多了些深度的光彩。

---

4 依賴理論（Dependency Theory），或稱「中心／邊陲」理論，這是拉丁美洲學者在一九六〇年代末期提出的國際關係暨發展經濟理論。最基本的看法是將全球劃分為已工業化的「中心」國家，與前工業或半工業化的「邊陲」國家；後者以勞力密集的產業型態向前者輸出工業原料，依賴中心國家之工業需求來維持自身的經濟運作，但是邊陲國家實際上無法透過這樣的途徑轉變為中心國家，只能獲得有限度的發展，在此過程中通常還會產生嚴重的腐化弊病。

李維史陀在南美洲觀察到的情況，更有可能在中國大陸重現。再二十年，「改革開放」滿五十年，許多這些年間以瘋狂速度成長的都市景觀，必然進入衰敗。而且會是恐怖的，全面的衰敗，來不及老化就滿目荒頹的景象。

京都、倫敦、巴黎、維也納、羅馬、佛羅倫斯……這些城市為什麼迷人，為什麼能吸引那麼多觀光客？因為在那裡有很多老東西。我們可以看到十四世紀的教堂，十六世紀的繪畫，十七世紀的宮殿、十八世紀的街道，十九世紀末的咖啡館，沒錯。不過更重要的，應該是在這些城市裡，我們能感覺到「老去的優雅」，我們能享受時間帶來的變化。幾十年、幾百年時間，讓原來平常無奇的建築、橋梁、街道、生活環境，帶上了特殊的光彩，褪色斑駁中的光彩。

那是「老」，那是介於「新」與「衰敗」之間的重要階段。不新了，卻離頹毀還很遠，屹立在那裡，坦然接受長時間的侵蝕，卻又傲然地抗拒短時間的破壞，那種和時間之間的弔詭關係，感動了我們。

誰的「日常生活」？

《憂鬱的熱帶》中，李維史陀寫南美洲的城鎮，寫著寫著，筆鋒一轉，突然就轉到印度去了。

從「遊記」的角度看，這真是突兀、沒道理。出發、上船、航行、抵達、觀察——這一路的目的地，明明是南美洲、是巴西，怎麼會一下子跳到十萬八千里外的南亞印度呢？

不過若從李維史陀的人類現象討論邏輯角度看，印度在這裡出現，完全順理成章。因為他抵達南美洲時印象最深刻的，是那裡倉促建立的「人為的」、「人工的」城市，透過地圖畫線分區硬是在荒野上打造出來的城市，和這種城市產生最強烈對照效果的，是那種幾乎未經任何人工、規劃介入，單純是在漫長時間中由其居民自發、集體形成的城市。

印度的城市，就是這種未經設計、規劃的對應、對反城市。李維史陀在書中這樣談起印度城鎮：

> 日常生活似乎是對人類關係概念的不斷否定。這裡的人什麼都可以給你，一切都說包君滿意。他們自稱百技精通，其實一竅不通。結果是，你發現你沒有辦法相信別人具有由誠意、由能夠履行協議和自律的能力構成的人性品質。人力車夫說可以帶你去任何地方，其實他可能比你更不曉得路線。在這種情況下，很難不發脾氣，而無論你心裡有多少道德上的不安，想到搭人力車，為了由人來拉著你而歉疚，但你還是很難不把他們看得低人一等，因為他們以如此無可理喻的行為，使你不得不這樣看待他們。

這又是很典型的李維史陀式的表述。一方面，他不掩飾地顯示了近乎歧視的態度，抱怨在那裡生活的痛苦，然而另一方面，他的歧視、抱怨是高度自覺的，中間有反思性的前提——他知道不該這樣、不能這樣，但即便帶著高度自覺與反思，都無法阻止、更不願否認如此的負面感受，就使得那樣一種讓人無法信任的環境，格外強烈突出。

還有，李維史陀必定要找到一種帶點誇飾帶點諷刺的語言，來歸納他要描述的現象：「日常生活似乎是對人類關係概念的不斷否定……」這樣短短一句帶頭的斷語，充滿了內在矛盾與緊張。人類關係原本是日常生活極其普遍的一部分，生活之所以「日常」，也就是其中有了固定的、可預期、也必然不斷重複的人際關係，然而在印度的城鎮裡，日常生活和整個城鎮的發展一樣，都沒有規劃、沒有必然規則，以至於就連日常生活也不「日常」了，翻轉成為相反的情況。

這句斷語就將我們帶離具體的印度，帶到只是以印度作為例證的某種更高層次道理的鋪陳與討論。提醒我們從跨文化的高度去思考：究竟什麼是「日常生活」？我們如何形成「日常生活」的想像與假定？「日常生活」和「人類關係」之間的互動又是如何？

種姓制度與素食主義

李維史陀接著描述、分析在印度城鎮中看到的「乞丐」。他注意到乞丐令人不安，因為乞丐會用各種方式顯現他比你低，不斷抬高你、貶抑自己來拉大彼此的社會層級差距。乞丐的利益建立在一份誇大、而且最好盡量誇大的地位差異上。

從這樣的現象獲得啟發，李維史陀提出了令人讀來驚心動魄的普遍化推論（generalization）：當一個社會的貧富、地位、階級差異維持在一個限度內時，地位較低的會想往上爬，地位高的會積極要擺脫追趕，努力拉大和低階的人之間的距離。在差距不大的時候，低階者相信自己有機會藉著向上爬而得到較大的利益，社會上就能保有拉近階級距離的動力。

但如果這個社會的階級差異拉開到相當距離後，情況改變了，低階、尤其是最底層的人將徹底失去往上爬、拉近距離的動機，相反地，他們積極地讓自己在有錢、有地位的人面前看起來更低微、更卑賤，藉此取得出於同情或出於傲慢而來的協助與施捨。誇大階級距離、取消縮短距離的可能性，反而能夠為他們掙來活下去的資源。

於是，這樣的社會也就走上了不歸路，失去了拉近階級差距的主要動力，只會讓貧富、地位高低愈拉愈大。

如此直接、簡單卻又清楚明白，李維史陀就提供我們一項為什麼不能坐視貧富差距增大的理由。而且如此直接、簡單又清楚明白，李維史陀就提出了一個看待、分析印度「種姓制度」的觀點——印度之所以會發展出僵化、不流動的嚴格階層結構，源自更早時對於貧富、高下差距的忽視，以至於到後來，下層人民也不追求階層流動了，甘於處在可以獲得同情的位置，上層既得利益者、既得權力者當然更不會主張、支持社會流動。上下流動的動機先乾枯了，階層才固化、硬化為「種姓制度」。

從印度文化的內在emic角度看，「種姓制度」是一套嚴格的規範，後面帶有強烈的信念。印度人，不只是比較高的種姓，普遍相信「種姓制度」，普遍反對、甚至害怕違反「種姓」規範的行為。「種姓」間的混雜，對他們來說，是可怕的汙染行為，不只是會帶來災禍，根本就是讓人無法忍受的，就像我們無法忍受將食物和排泄物擺在一起一樣。

李維史陀則提供了外在觀點etic的解釋：

社會遊戲的規則被動了手腳……把這些不幸的、受苦的人視為與自己平等，他們會抗議說這樣做是不義的（因為會剝奪了他們要求、取得施捨的機會與權利）；他們不願成為與你平等，他們乞討，他們求你傲慢地將他們踩在腳下，因為只有擴大你和他們之間的差距，他們才能期得小小的捐助……我們（歐洲人）把階級差異看作鬥爭或緊張，好像本來的或理想的情況是使這些矛盾衝突得到解決，不復存在。但是，在這裡，緊張一詞全無意義。沒有一種事情是緊張的，因為所有曾處於緊張狀態的東西很久以前都掙斷了……

而這種不緊張、理所當然嚴格上下區分的效果是什麼？

印度在三千多年以前嘗試用「種姓制度」來解決其人口問題，把量轉化為質，也就是把人群分門別類以使得他們可以並存。

是讓印度的土地可以養活更多人。將大部分人壓在下層階級，並取消了他們往上流動的慾望，讓他們願意依賴別人的施捨過日，也就同時壓低、甚至取消了他們的物質慾望。大比例的人口慾望那麼低、需求那麼少，於是同樣的資源就可以多養活很多人。

再進一步，李維史陀將這套邏輯推演來解釋「素食原則」，從「種姓」和「素食」的共同性上找出另一條新的綜合組織道理：

印度甚至從更寬廣的視野去思考這個問題，把「種姓制度」延伸到人類之外，延伸於一切生命形式。素食原則和「種姓制度」一樣，目的是為了防止社會群體和動物種屬互相侵犯，為了保證每一群人或物種有其自己特殊的自由，方法是強迫其他種群放棄保有些許衝突的自由。

對照這兩個地方，李維史陀在南美洲先看到自然才看到人，在印度卻是先看到人，很多很多的人，才看見一點稀薄的自然。換句話說，那樣的環境能居住那麼多人，很不容易，要有特殊的安排。「種姓制度」及其背後的分類原則，就是讓印度能克服人口壓力的關鍵，這樣的原則進入印度人的世界觀，甚至決定了他們的世界觀，連帶適用在他們看待人與動物之間的關係。

在過於擁擠的空間中，人無法取得廣泛的自由，只能在一定的小範圍內有自由。「種姓制度」極其嚴格的分類安排，也就是劃出許多不同的空間，讓人清楚地意識到，自己的自由僅限於這個小空間裡，不能跨出去，大範圍的自由被嚴格限縮了，那麼多的人才有可能都擁有一點小自由，才能不互相衝突、彼此毀滅，能夠和平共處。

這樣的觀念深植人心，影響所及，在和自然環境互動時，印度人也將動物排除在人類的自由範圍之外，人沒有自由侵犯動物，只有植物才屬於人類可以侵犯、食用的範圍。如此明白劃界，他們才能安心生活。這是李維史陀看到的「素食主義」的源頭與道理。

這裡開啟了後來李維史陀在《神話學》中看待食物與文化關係的基本態度。我們不是因為食物好不好吃所以選擇吃這樣或那樣的食物，倒過來，是觀念中什麼食物可以吃、應該吃，決定了我們覺得這樣的食物好吃。吃什麼、好不好吃，不是自然生理現象，而是由深層文化價值所決定的，所以我們可以藉由分析食物，尤其是分析不同文化對待食物的不同態度，探討、理解文化的深層意識。

另外，李維史陀評斷：

> 這項偉大實驗的失敗是人類的悲劇；我的意思是，在歷史的發展中，不同的種姓並沒有發展到由於互相有別因而維持平等的狀態——此處的平等指的是相異相別者之間沒有任何共同的準繩——一個有害的、同質性的因

素被引進該制度中，使不同者之間可以互相比較，結果是造成一個有高低層次的階層。

這套嚴格分類，群體各自享有小範圍自由的原則，在印度並沒有真正成功。李維史陀的意思是：如果真正落實這個原則，那麼人應該被分成許多性質不同的群體，這些群體平行、平等存在，只有difference in kind，沒有difference in degree，也就是說，這些群體都不一樣，無法用一種標準來衡量他們的高下，彼此之間是「不可共量的」（incommensurable）。在印度，實驗失敗了，因為應該獨立平行存在、不可共量的群體，畢竟還是被編出了上下高低順序。

比李維史陀稍晚一點，另一位法國人類學家杜蒙[5]在一九六六年出版了分析印度種姓制度的名著《階層人》[6]，杜蒙徹底擺脫了過去西方對於「種姓制度」的嚴厲批判，換上同情理解的眼光探索這樣一個以不平等為其核心價值的系統，因何產生，又有怎樣的存在意義。杜蒙或許走到了相反的極端，讓人覺得他高度合理化了「種姓制度」與不平等，不過他用來分析「種姓制度」的概念起點，和李維史陀在這裡所提出的，基本一致。差別應該在於李維史陀將「種姓制度」視為是這種分類原則實驗失敗的產物，肯定了這套原則，卻沒有改變對歷史現實中「種姓制度」的批判；相對地，杜蒙肯定原則，也沒有否定現實「種姓制度」，視之為人類文化多樣性的一項主要例證，彰顯在社會安排上，有「平等」以外的「階層」原則，不應該用「平等」的概念詆毀、壓抑這種「階層人」式的安排。「階層」和「平等」同屬人類社會組織原則，不該被用落後或進步來區別評斷。

5 路易・杜蒙（Louis Dumont, 1911-1998）。

6 全名為《階層人：卡斯特體系及其衍生現象》（*Homo Hierarchicus: Essai sur le Système des Castes*），一九六六。

第十章

不再理所當然

鎖定野蠻人

一種閱讀《憂鬱的熱帶》的方法，就是隨時意識到書中的知識密度與知識濃度，意識到書中的一小段話，很可能就提示了一個足可以展開成博士論文的想法；書中的許多章節，在一九五五年之後，的確在人類學及其他各種人文學科中，被熱情地探討、挖掘、擴大。形成一條條重要、明亮的學術道路，或一片片新鮮的知識領域。

在外表形式上，《憂鬱的熱帶》前四部，是以鬆散、邊走邊想邊記錄的遊記形式組織起來的，相對地，第五部之後出現了比較像是人類學民族誌的模樣，每一部的標題，都是一個南美洲印地安人的族名。

一九五五年這本書出版時，西方人類學已經完成了從十九世紀以來的學科架構重整。十九世紀末，人類學是由「考古學」（archaeology）和「民族學」（ethnology）所組成的。半個世紀後，人類學變成了四條支脈互動支撐的新結構——「考古學」、「體質人類學」（physical anthropology）、「社會人類學」（social anthropology）或「文化人類學」（cultural anthropology）及「民族誌」（ethnography）。

簡單解釋一下變化的來龍去脈。Anthropology是個簡單，一目瞭然的字，分成兩個部分，後面的-ology指的是知識、學科，前面的anthrop-則是希臘文中「人」的總稱、人的集合名詞。拼起來，意思就是研究人類的學問，的確就是「人類學」。

最早，「人類學」是哲學的分支，關注「人是什麼？」或者「人之所以為人的條件與定義」。十八世紀後，在這種「哲學人類學」之外，出現了「歷史人類學」，不從定義、演繹的角度探索人，而是藉由記錄人類現實的歷史資料中，模仿自然科學中廣泛運用的歸納法，試圖綜合找出「人是什麼？」的答案。

歷史的探索很容易就走上溯源式的方向，於是又從「歷史人類學」的領域中浮顯出一個吸引愈來愈多人投入研究的有趣問題：從時間與發展上看，人什麼時候變成了人？什麼時候具備了怎樣的條件，我們才認定「人已經是人了」？

帶著這樣的問題意識，「歷史人類學」很快就和「歷史學」劃清界線、分道揚鑣了。「歷史學」建立在文字記錄上，透過了解、整理文字，來講述人的發展與過程。換句話說，「歷史學」的視野，明確落在「人已經是人」的條件下，文字已經存在，人已經進入了離開動物、發明了獨特只屬於人類的文字工具的時期。但「歷史人類學」好奇要問：人是怎麼走到這一步？從沒有文字、甚至沒有語言的動物，變成了能夠發明語言、發明文字的人，這中間的關鍵變化與過程是什麼？

因而產生了這種表達上的弔詭——「歷史人類學」關心的是「史前史」，歷史之前的歷史，還沒有歷史之前的人類歷史。

「考古學」從地底下挖掘出古老的器物，藉由對器物的分析，趨近文字出現、歷史記錄形成前的人的面貌。從時間上溯源，尋找久遠之前留下來的人類活動資料。「民族學」則是從空間上去尋找遺留在文明邊境地帶，有些一直沒有「進入歷史」的人們。「民族學」研究「野蠻人」，「野蠻」對應「文明」，同時也對應「歷史」，在當時西方人的眼中，這些沒有進入文明的「野蠻人」，也就是沒有歷史的人，也就是留在現實裡沒有進化的活遺物、活化石。

當時流行的「進化論」相信：人類遵循著一條固定的道路「進化」，必然逐漸、分階段地由「野蠻」而「文明」，「文明」也必然逐漸、分階段地由簡易而變得複雜、由粗糙而變得精緻。當他們在非洲、美洲、澳洲等地發現了這些「野蠻人」，依照流行的「進化論」看法，這些人就是沒有趕上「文明」班車的遺落者，因為某種原因，他們的生活停留在幾千年前，他們的「進化」停滯了。

依照那樣的「進化論」，當時西方人毫不懷疑認為現存的「野蠻人」和古遠的、文明之前的「野蠻人」基本是相同的。考古學研究過去的「野蠻人」，「民族學」研究現實殘存的「野蠻人」，兩頭夾擊，就能將「文明」之前的「野蠻」弄清楚，並將「野蠻」進入到「文明」的過程弄清楚，這就是「人類學」的使命、「人類學」的學科定位。

從民族學到民族誌

進入二十世紀，科學主義高漲，在每個學科內部都出現了「科學化」的轉型呼聲，因而「人類學」當中「最科學」的一部分——對於考古遺骸及「野蠻人」體質的研究、歸納，和急遽成長的醫學知識並肩發展，快速地專業化，就獨立出一塊運用自然科學測量、化驗方法，和社會科學漸行漸遠的「體質人類學」。

另一方面，經過了上百年的積極探究，「人類學」對原本設定的根本問題，找到了初步的共識答案，人什麼時候變成人？當人產生了依賴複雜溝通技術的特殊社會組織時，或換一個更簡單的方式說：當人有了「文化」，人就離開了動物，變成了「人」。

很自然地，這門學問接下來的重點，就擺在描述、解釋「社會」、「文化」，於是又另外分出了「社會人類學」或「文化人類學」，將原來的「民族學」劃分為兩個不同的層次——調查、蒐集、記錄層次的「民族誌」，和整理、歸納、分析、解釋層次的「社會人類學」、「文化人類學」。

前面提過的，馬林諾斯基帶來的「民族誌」方法論大革新，也在此同時發生。進行「參與式觀察」的調查者，需要特殊的、獨立的訓練，才能稱職地扮演一個「自覺的異文化記錄者」。

他要自覺己身文化與對象文化之間的差異，要自覺地壓抑、取消己身文化帶來的背景偏見，盡可能融入對象文化中，挖掘出他們主觀上的認知，而不只是客觀顯現的語言或行為。

從「民族學」到「民族誌」，中間有著根本的價值調整。首先，刻意由-ology降等為-ography，強調必須先有嚴謹、忠實的記錄，後面才有分析、歸納的知識、學問。調查者出發之際，抱持著要形成知識、學問的動機，這動機本身就將妨礙、甚至阻撓他進行必要的記錄。他帶著知識、學問的想法去，那也是偏見，那也是另外一種文化所產生的先入為主態度，和「參與式觀察」的方法及理想，明顯格格不入。

其次，觀察者不能停留於外在的觀察，尤其是不能由外在觀察來進行推論。以前的民族學家可以在一段距離外，看著部落裡的兩個人在說話，愈說愈大聲，然後吵了起來，進而兩人彼此互相推擠，就由此記錄、推論：「今天目睹了部落裡有人吵架並打架。」甚至是：「這個部落中人與人關係緊張，經常吵架，而且往往吵架後就演變成動手打架。」

去從事「民族誌」調查的人不能這樣。他必須去弄清楚這兩個人如何看待剛剛發生的事，他們自己如何理解這件事的意義，如何解釋這件事。因為很有可能他們根本不認為自己在吵架，說不定那是他們固定摔角遊戲的習慣，對手要先說幾句套語，要彼此叫幾聲為自己加油的口號，然後動手。那些說的、叫的語言，是儀式性的，根本和他們兩人無關。

也有可能這兩個人在協商兒女的婚事，其中一方一定得表現非常不情願、強烈抗拒，直到將對方推倒在地，然後婚事才能成，表示得到人家女兒的那方占了便宜，所以必須在互動禮儀上相對吃虧，雙方才能扯平。

這樣的例子，在不同的部落中都真實出現過，清楚顯現了原來那種觀察歸納法的錯誤與危險之處。

在這樣的調整中，連帶地，從事「民族誌」的人發現，他們也不能、不應該帶著之前視為理所當然的問題進入要調查的部落。他們不能、不應該老想著要解釋人類文明的起源，想著要探究人之所以為人的開端；更進一步，他們甚至也不能、不應該先入為主將這個部落、這些人視為「未進化的古人」。所有假設，都會導引他們偏離客觀，產生主觀的偏差、產生未經檢驗的推論。

很有意思，「民族誌」的方法論革命，雖然看起來層次那麼低，牽涉到的不過就是如何觀察、如何記錄的基本問題，最後卻撼動了「人類學」原本之所以成立的最高層次統轄原則，那份定義這個學科的問題意識。

原來的「民族學」看待每一個「野蠻文化」，都把它放進想像中的那個「進化論」大系譜中，給他一個分數、一個位置。人類從剛開始的零分，「進化」到現代歐洲人所代表的一百分，這是一條長長的、連續的線性系譜，所以「民族學家」很自然地就拿這套系譜去衡量眼前的部落，用各種尺度——工具、工藝、組織、自然神信仰等等——看看他們究竟「進化」到哪裡。

「民族學」變成「民族誌」的時候，這套尺度被放到一邊去了。「民族誌」強調文化的內在意義，凸顯每個文化不同的內在意義系統，也就掏空了用來比較各文化「進化程度」的基礎。「民族誌」要做、該做的是先盡量進入這個文明的內在，進行詳細記錄，不只錄下外在行為，更要錄下內在思想，以及外在行為與內在思想的連結。至於這個文明和那個文明，和所有其他文明之間的關係，不在「民族誌」工作、關切的範圍內。甚至是：如果「民族誌」帶上了這樣的關切，就做不好確切記錄的工作，「民族誌」也就失真、失職了。

「民族誌」是理解人類文化的原始材料。尤其在現代工業體系快速進展的背景下，「民族誌」所記錄的土著異質文明很容易就被摧毀消失了，只留下「民族誌」記錄可堪掌握。

「民族誌」同時也是「人類學」這個學門的關鍵學徒階段。進入這一行，首先必經的訓練、必備的能力，就是：如何進行田野調查，如何參與、如何觀察、如何排除自我偏見、如何盡量解消自我存在帶給對象文化的衝擊、如何分類整理觀察資料。完成了這樣的學徒訓練，通過考驗，你才能成為一個合格的人類學家。不曾在「非現代文明」的部落待一段時間，不曾有過第一手的田野經驗，是不會被這一行承認的。

異文化不必遙遠

《憂鬱的熱帶》第五部以降的後半本，基本上是依循著當時已經確立的「民族誌」慣例安排的，顯現李維史陀的參與觀察記錄經驗與能力。不過，李維史陀又在其中加入了許多不完全是「民族誌」規範所能容納的東西。

符合「民族誌」規範的，是自覺、同情地看待異文化的眼光。不同於傳統「民族誌」的，是李維史陀異文化眼光掃視的範圍。「民族誌」書寫者自覺地戴上受過訓練的異文化眼鏡進入他要調查記錄的那塊地區、那個部落。但李維史陀卻像是隨時戴著這副眼鏡般，將原本「民族誌」訓練培養的眼鏡內化為自己看世界的方式，再也不拿下來。

「民族誌」書寫者做好各種準備，從台北出發前往卑南族南王部落，去除掉漢人立場、對自己的中國文化及現代文化偏見盡量戒備，用這種眼光看卑南族的食衣住行歌唱舞踊和豐年祭。待了兩個月後，從台東回到台北，很自然地就放下了先前在南王部落時採取的自我警戒態度，變回原來的那個台北人，融入理所當然的台北現代生活。

李維史陀就像是人回到了台北，卻沒有回到台北現代生活的人。他仍然帶著原本受訓用來看待南王部落異文化的眼光，看待台北與台北人的生活。他繼續留在那個非常的異文化自覺狀態下，失去了一般的「正常」生活與「正常」態度。

也可以換一種方式描述，李維史陀像是早在從台北車站月台要等火車去台東時，就迫不及待地戴上了別人認為應該是抵達南王部落才用得到的特殊觀察眼光，瞬間將他身邊一起等車的人、等車坐車的行為，乃至月台與軌道空間，都予以「異質化」、「異文化化」。

什麼是應該用「異文化」眼光來觀察？記錄的？什麼不是，對李維史陀而言沒有明確的分界線。他將己身、自我的日常文化，都看成了「異文化」。

《憂鬱的熱帶》第十八章中，李維史陀有這樣一段描述：

陰鬱的埃斯佩蘭薩港，地名取得極為錯誤，是我記憶裡面在這個地球上所能找到的最古怪的地點，唯一一個可與之做比較的是紐約州的火島。我之所以同時想到這兩個地方，是因為它們很相似，都將最矛盾對立的東西結合起來，兩個地點都表現了地理上與人文上的荒謬性，雖然調性很不相同——一個是滑稽的，另一個則是邪惡的。

他在大學放長假時進行「真正的探險」，要去接觸兩個土著社群。旅程將他帶到古怪的「埃斯佩蘭薩港」，使得他聯想起另一個古怪的地方。但那個地方並不在蠻荒之中，而在高度現代化的美國紐約州，在紐約市旁邊。

火島像極了史威夫特[1]筆下創造出來的地方。它位於長島岸外，是長八十公里，寬二、三百公尺的一條沙島，沙上沒有任何植物。火島靠大西洋

1 強納森．史威夫特（Jonathan Swift, 1667-1745），英國作家，最著名的作品為《格列佛遊記》。

岸那邊，海浪太猛，不能游泳，而在另一岸，雖然風平浪靜，但水太淺也不能游泳。島上唯一的娛樂是捕捉不能吃的魚。沙灘上每隔一定距離就立有告示牌，上面寫著：別把魚丟棄在沙面上任其腐爛，應該把魚立刻埋在沙下。火島上的沙丘遷移不定，靠海的部分隨時會下陷，因此又有告示牌警告遊客和居民遠離海邊沙丘，以免有陷落水底的危險。火島像是威尼斯的顛倒，土地是流動的，通道反而是堅固的……

在威尼斯，應該是馬路的地方變成了水，人活在水的包圍中。在火島，馬路還是馬路、土地還是土地，但土地卻和液體的水一樣變動難測，隨時可能沉落，對比之下，威尼斯的運河反而是不變、可信賴的。

島中央的村落「櫻桃叢」的住民不得不使用木板搭建高架棧道，構成村落裡的道路網……櫻桃叢這個村落的居民主要是成對的男性，毫無疑問他們是被這個地點一切都倒反過來所吸引。除了一片片有毒的長春藤以外，沙上不長一物，一切日常用品必須每天到島上唯一的一間店去購買，那間店位於登岸棧橋的盡頭。

原來，這是在二十世紀前半就存在的男同性戀社區（gay community）。在這裡，海邊不能游泳、釣不到可吃的魚、土地是液態的，沒有任何道理可以吸引人來居住的條件，反而吸引了這些特別的人。他們在這裡找到了防止其他人移居的最好條件，也就保障了他們可以逃離其他人的歧視干擾。而他們落戶居住後，他們的生活就創造了這個島上另外一種「倒反過來」的景象。

在比沙丘穩定一些、高一些的地面上，可以看見這些不會生育的男性伴侶成雙成對地推著嬰兒車，沿著小小的棧道，走回他們的屋子去。那些棧道十分狹窄，只有嬰兒車是最適合的運搬工具，嬰兒車中放些週末要喝的小瓶牛奶，不過不會有小孩喝得到那些牛奶。

推嬰兒車的，不是父母，而是一對對不會生小孩的男性伴侶；嬰兒車裡放的，也不是嬰兒，而是雜貨，包括沒有嬰兒來喝的牛奶。

先讓我們看過了「鬧劇式」的火島，我們接下來讀到李維史陀對耶斯帕蘭查港的描述，就不會那麼驚訝了。回頭一想，其實紐約火島帶來的異質感，還高於巴西邊遠的耶斯帕蘭查港。李維史陀看到、而且凸顯了火島和我們之間的異文化距離，那樣的距離和文明不文明、野蠻不野蠻，沒有關係。火島居民都是不折不扣的現代文明人，但他們那種生活、他們創造出來的景觀，經李維史陀如此刻寫，對我們來說，卻是不折不扣的異文化。

耶斯帕蘭查港位於一條長達一千五百公里的鐵路終點。那是一條奇怪、鬼魅的鐵路，經過的地方幾乎都沒什麼人煙。但既然鐵路存在，就該要有火車在上面跑。每個禮拜總共只有兩班火車。有火車，就要有人維護、管理一千五百公里沿線的每一個車站。

火車在抵達耶斯帕蘭查港之前，要通過一片沼澤。沒有人有特別的理由要搭火車越過沼澤去耶斯帕蘭查港。

火島和耶斯帕蘭查港對李維史陀是同樣的現象——奇特、荒誕的人文景觀。只要是奇特、荒誕的人文景觀，都在他異文化眼光掃描記錄的範圍內。

顛覆必然性

《憂鬱的熱帶》第二十二章開頭：

……當一個人面對的是一個仍然生氣勃勃的社會，一個對自己原來的傳統仍然忠實無疑的社會時，其影響是如此強而有力，使人不知所措：這樣一團五顏六色的混亂糾纏，到底要從何下手去解開理清呢？

這是「民族誌」田野調查者普遍會遇到的困擾。進入一個不曾接觸現代文明、不曾被現代文明改造過的部落裡，最大的問題是他們仍然保留了完整的系統，有自己的一套環環相扣社會邏輯，生活都按照這套邏輯在進行，沒有掌握這套系統，就無法理解、評估單一行為，但弄清楚單一行為的意義之後，又如何掌握整套系統？他們的文化和現代文化不曾撞擊出現成的缺口，就算他們善意、願意解釋，他們也只能用自己的那套系統，而不是調查者熟悉的現代文明觀念、語彙，來進行說明。也就是說，解釋、說明本身仍然指涉回那個有待被解釋、被說明的系統。

這裡也存在著從「民族學」變成「民族誌」的重大差異。以前的「民族學家」自然地以自身的文化價值去評斷對象文化，其自身文化價值就是「民族學」不言而喻的前提。「民族學家」面對陌生現象時，很容易可以乞靈於這個不言而喻的前提，找到答案，至少是找到理解、評斷的線索，他不會有那麼深、那麼多的疑惑。在學科的方法論上，「民族學」將異文化現象置放入現代文明的系統裡來評判，而不是放回那個文化自身的體系來比對。

前面用過的例子：「民族學家」看到兩個人大聲說話後動手動腳，可以安心地記錄為「兩個人吵架後進而打架」，因為在他熟悉的現代文明中，如此舉動代表的就是這樣的意義；然而一個「民族誌書寫者」失去了這樣書寫記錄的信心，他不確定在那個文化中，大聲說話繼而動手代表什麼意義，他必須將這樣的行為放回那個文化自身的意義系統中，才能找到適切的書寫記錄方式。

「民族誌」的調查者、書寫者，必須耐心地去找出切入異文化系統的線頭，才能確知在那個系統中，大聲說話繼而動手動腳究竟代表什麼意義。而一旦他開始了這樣的探索旅程，即便最後得到的答案還是：「這兩個人吵架進而打架了」，都意味著他進入了一種不同的知識狀態，不再將他所在的文明中的看法，視為理所當然。他小心地預期著：或許有不同的人類文化，是以大聲說話來表達愛情，不是吵架；或許有不同的人類社會，動手動腳都有儀式性意義，不是情緒激動下無法自我克制的失控行為。也就是他必定反身調整認知：我們文化中覺得談情說愛一定要低聲細語，這其實不是人類行為的通則；我們社會中習慣將打架和憤怒聯繫在一起，這其實不是必然的。

每個文化有其系統中的理所當然，也就襯映出我們自己平常認為的理所當然，沒有那麼理所當然。「民族誌書寫者」，以及受過「民族誌」調查、書寫訓練的人類學家，最容易察覺這種「將現代生活當作人類生活通則」的謬誤。

對於我們相信的人類「本性」、「天性」，人類學家必然抱持著一種不斷質疑、反覆修正的態度。只要找到一個用大聲說話來談情說愛的文化，那麼低聲細語表達愛意的行為，就不會是人的「本性」、「天性」，必須被從「本性」、「天性」的列表中拿掉，改放到後天社會習俗影響的那一邊去。

比李維史陀稍晚些的法國哲學家傅柯就沿著這條路，往前走得更遠，主張所有對「本性」、「天性」的說法，其實都是「知識/權力」運作的結果，最大的權力是建構「真理」的權力，擁有權力的人將部分的、片面的知識上綱為「真理」，泯除了與其不相符合的現象，將自己的生活、自己的習慣抬高為「真理」，取消差異、壓抑差異。

李維史陀沒有走到像傅柯那麼極端的立場上，不過他和當時的許多人類學家，開始了對於既有人類行為普遍通則的質疑。

第十一章

二元對立——李維史陀的思想核心

誰才比較像「人」？

在調查卡都衛歐人時，李維史陀注意到了他們的墮胎、殺嬰行為。他們不養自己的小孩。那要如何讓族群、部落能延續下去？他們去搶別人的孩子回來養！

> 這是一個對我們視之為自然的感情相當厭惡的社會……他們對生兒育女非常不喜歡。墮胎和殺嬰幾乎是正常手續，到了這群人的延續是靠收養而非生殖的程度，戰士出征的主要目的之一即是搶別人的小孩。在十九世紀初，有人估計某個瓜伊庫魯族群的人口中，只有不到百分之十是原本的血統。

我們不都相信：愛自己的子女，是人的天性嗎？「虎毒不食子」，沒有媽媽不愛自己懷胎十月生下來的孩子，不是嗎？但卡都衛歐人的存在，就挑戰了我們的天性假設，逼我們必須解釋這種行為的意義，同時調整關於人的認識。

以前的「民族學家」看到這種現象，可以簡單地將之列為「野蠻」行為的一種，視之為這些人之所以停留在「野蠻」，掙扎於生存邊緣的一項原因，進而預言這種行為必然會讓這些人、這種社會趨向滅亡；但「民族誌書寫者」不可以這樣。他沒有權力如此草率地推論，他的工作是發現這個社會的特殊差異之處，忠實地記錄下來，留著和其他更多不同民族誌記錄進行比對，或許有機會產生較為周延的「人類文化」視野與標準。

「民族學家」用來評判調查知識的標準，早在他接觸異文化之前，已經牢牢存在於他腦中；「民族誌書寫者」卻主觀、刻意地延宕這項標準的出現，標準後於記錄，要有足夠記錄才能支撐標準，累積記錄就是為了形成標準，因而絕對不能將程序顛倒，帶著先入為主的標準進入異文化領域。

李維史陀信守「民族誌」的調查紀律，沒有用外來的標準評斷卡都衛歐人的特殊行為。但他無法克制自己，讓自己停留在單純的記錄角色上，他有著強烈的解釋衝動，所以他就用這個文化中內在的另一個現象，來和墮胎、殺嬰行為連結，來提供解釋。

他用的，是卡都衛歐人的「身體畫」。

我們訪問的那一族卡都衛歐的男人都是雕刻家，女人是畫家……女人的特長是裝飾陶器和皮件，還有在人體上面畫畫……他們的整張臉，有時候包括全身，都覆蓋一層不對稱的蔓藤圖案，中間穿插著精細的幾何圖形……製陶工藝目前已完全衰退。這似乎證明他們對身體繪畫，尤其是臉部繪畫，特別看重，在其文化中占重要位置。

很多土著文化，包括古遠的新石器文化，都有發達的陶器紋飾，卡都衛歐人特別的是，將這些一般出現在陶器上的紋飾畫到臉上、身上，而且在陶器紋飾沒落後，還繼續堅持臉上、身上的繪畫。

神來一筆，李維史陀就將身體畫和墮胎、殺嬰，表面上完全不同的行為，聯繫上了：

從這些臉面繪畫，以及他們慣行的墮胎與殺嬰來看，這些姆巴雅人[1]所表現的是對自然同等的厭惡……卡都衛歐藝術之所以具有如此特殊的性質，其祕密可能是在於：人經由此藝術手段，拒絕成為神的意象的反影。

他們厭惡自然，厭惡自然狀態。養自己生下來的小孩，這是依循自然，處於自然狀態，就如同人生來長什麼樣子，就表現出那種樣子，也是依循自然，處於自然狀態。卡都衛歐人看不起如此屈從於自然，他們要用自己的力量改變自然。那是他們的「人文」標準，不畫身體，養自己生的小孩，那麼人和野獸有什麼不同？從他們的標準看，李維史陀這種西方現代人很怪、很笨，為什麼

1 姆巴雅人（Mbayá）曾經分布於巴拉圭河的兩側，衍生為幾個分支部族，卡都衛歐人是存活下來的其中一支。

不會想把自己弄得更像「人」些呢？為什麼要自甘墮落和動物一樣「自然」？

分析心靈功能

這是李維史陀的大膽洞見，是他異於其他「民族誌書寫者」之處。「正統的」英美人類學民族誌，有一套固定的格式：生產方式、親屬關係、社會組織、分配系統、權力安排、集體儀式、神鬼信仰……等等，由外而內、由具體而抽象一層層展開。

李維史陀不理會這套格式。因為他不相信英美人類學的「功能」原則，連帶也不遵從由「功能」發展歸納的文化記錄格式。李維史陀也進行「功能」的分析，但他改寫了「功能」的定義。他給卡都衛歐文化中「畫身體」行為的解釋，不是社會功能的解釋，毋寧是心靈功能的。「畫身體」幹什麼？容我重抄一次李維史陀給的答案：「人經由此種藝術的媒介，拒絕成為神的意象的反影。」

李維史陀喜歡且擅長的，是這種「心靈功能」的分析。他會將這種「心靈功能」的分析壓在社會功能分析之上，讓我們清楚感受到「心靈功能」的重要性，從而回頭感覺到舊有「社會功能」概念的不足。

他們（卡都衛歐人）從來沒有機會可以解決其社會組織中的矛盾，甚至無法至少是用精巧的制度把矛盾掩飾起來。不過，在社會層面上他們沒有使用的補救方法，或者他們拒絕考慮的補救辦法，不會永遠一直對之視若無睹；那種解決辦法一直不斷地以各種覺察不到的方式糾纏著他們。既然他們無法意識到這種解決辦法，無法在現實中應用於生活上面，他們便讓其在夢中出現。但也不是以直接方式在夢中出現，因為那會和他們的成見起衝突，而是以一種變了形的，因此也看起來似乎無害的方式出現：在他們的藝術裡。

這簡直是「文化的『夢的解析』」。李維史陀將卡都衛歐人的藝術，視為他們的集體夢境反映，是他們藉以逃避現實挫敗的方法。具體的挫敗是他們矛盾的社會組織，他們無力解決這個問題，於是就將他們無力實踐的解決方案壓抑下去，免得想起來就提醒了他們的挫敗。但壓抑不可能徹底，於是被壓抑的意識就以扭曲的夢的形式，出現在他們的藝術裡。藝術是夢，是文化集體潛意識的展示。

李維史陀接著說：

如果我的分析無誤的話，卡都衛歐婦女的圖畫藝術，其最後的解釋，以及其神祕的感染力量，還有那看起來沒有必要的複雜性，都得解釋為一個社會的幻覺，一個社會熱烈貪心地要找一種象徵的手法來表達那個社會可能或可以擁有的制度，但是由於其利益和迷信的阻礙而無法擁有。在這個迷人的文化裡，美女以她們身體的化妝來描繪出整個社會集體的幻夢，她們化妝的圖案是描繪一個無法達成的黃金時代的象形文字圖案，她們用化妝來讚頌那個黃金時代，因為她們沒有其他符號系統足以負起表達的任務，這個黃金時代的祕密在她們赤裸其身的時候即表露無遺。

李維史陀強調：身體畫不是他們的娛樂，也不是他們個別的興趣與創作。身體畫有其集體意義與功能。身體畫的圖式，尤其是不規則線條與規則幾何線條之間的關係，象徵了他們社會組織應有的結構。如果採取這種結構，卡都衛歐人的內在衝突矛盾，就能獲得解決。他們想出了解決方案，卻無法落實在社會組織上，於是這個落空的答案、高度的期待，就以抽象圖案的形式存留在身體畫上。身體畫是記憶，是更美好社會的遺憾印記，其功能就產生於實質「社會功能」喪失之後，沒有「社會功能」，但有「心靈功能」，有深刻的「心靈意義」。

探測「心靈功能」、「心靈意義」，讓我們能看出一個文化不同部門間的連結，看得比「結構功能學派」更廣泛。從「社會功能」角度看，看不出身體畫和墮胎、殺嬰現象間的關係，更不可能看出卡都衛歐人的藝術與社會結構之間的關係。

對李維史陀而言，「good for thinking」永遠最重要。在他眼裡，一個文化的各種不同感官偏好，其實都是由內在更根本的世界分類來決定的。卡都衛歐人覺得身體畫很美，那美不是來自表層的視覺享受，而是受到深層世界觀理想所決定的。身體畫的圖案，因存留了他們的人際世界觀信念，所以才變得「好看」，那不是真正的「good for looking」，而是「good for thinking」。

同樣的，後來在《神話學》系列中，李維史陀透過「生與熟」的基本對照，要告訴我們：一個文化覺得什麼可以吃、什麼好吃，不是由味覺來決定的，而是由背後的世界分類意識決定。好吃的食物之所以讓人覺得好吃，都不是真正的「good for eating」，仍然是「good for thinking」。

對稱的不對稱

我們都活在象徵秩序裡。文化中最大的統合力量，是貫穿在不同現象後面的這套象徵秩序。因而，「結構功能學派」從「功能」角度看到的「社會結構」

是不完整的，很多文化現象沒有明確的「功能」，編不進這套「功能結構」中，只能被留在外面，成為「結構」以外的偶然。

但依照李維史陀的看法，文化沒有那麼多偶然。換用「心靈功能」、「象徵秩序」的角度看，更多元素都能被編進統納社會的「good for thinking」的「結構」，一個文化的內在完整性，也就更高、更清楚了。

李維史陀自創了許多記錄與分析「心靈功能」、「象徵秩序」的工具。例如他用來分析卡都衛歐人的藝術圖案：

> ……藝術的動態活動過程，也就是各個母題如何被想像而畫出來，在所有層面上都和基本的二分對立性相交：基本主題先被打散，然後再重新組合成次要主題，次要主題使用第一主題的部分作要素來組成一種暫時性的整體性，然後，這些次要的主題再加以摻雜交錯使原本的整體性又重新出現，好像是又被重新想像回來一樣。最後，用這種方法所得到的複雜圖案本身再重新劃分開來，利用紋章學中的四分法加以交叉重整，把兩種圖案

以相對反的方式安排在四象限的架構中時，其中任何一個圖案都是相對應圖案的簡化或變形。

這樣的描述，就算拿著書中的附圖比對閱讀，都很難確切知道李維史陀在講什麼吧？也很難明白他哪句話說的是圖案中的哪一段、哪些線條吧？但真正的重點不在這裡。重點是：李維史陀運用的觀念，根本就不是視覺、圖像的，他刻意挪用了音樂的語彙（要記得他出身於一個音樂世家），將卡都衛歐人的圖案改寫成一段西方古典音樂的主題變化。

他用來描述卡都衛歐人圖案的語句，幾乎可以原封不動地挪去描述貝多芬所寫的迴旋曲樂章。或者換個更精確的說法，李維史陀挪用了貝多芬迴旋曲樂章的主題安排模式，來形容、來理解卡都衛歐人的藝術圖案。如此，隱含地，李維史陀將視覺與聽覺的道理，在「心靈功能」中統合在一起。

又例如他會用撲克牌來比擬卡都衛歐人的文化：

這族印第安人的文明實在很像歐洲社會在其傳統遊戲中發明出來的文明形態，其範型曾被卡洛爾[2]極富想像力地構想出來：這些騎士模樣的印地安人看起來像極了撲克牌裡的宮廷人物……印地安人也有國王和皇后，他們的皇后和《愛麗絲夢遊仙境》的皇后一樣，最喜歡的就是玩戰士帶回來的人頭。

這段話出現在第二十章的開頭，看似隨口說說的玩笑，要到這章快結束之處，李維史陀才更認真地將如此比擬撿回來，好好說明：

> 現在可以好好解釋一下為什麼這種（身體畫的）風格令人覺得和歐洲撲克牌那麼接近的理由了，不過前者比撲克牌要精緻得多。每張牌上的人形

2 本名為查爾斯·路特維奇·道奇森（Charles Lutwidge Dodgson, 1832-1898），筆名路易斯·卡洛爾（Lewis Carroll），英國作家，以《愛麗絲夢遊仙境》聞名全球。

圖案都得滿足兩種需要。首先得擔任雙重功能：它必須是兩個對立夥伴之間可用來做對話或對決之用的事物；它還必須和其他的牌之間有關係，成為一副牌中的一張。這種複雜的性質要求那張牌必須達成下述任務：從功能的觀點去看必須對稱，從牌擔任的角色去看必須不對稱。解決這個問題的方法是使用一種在斜面軸上面取得對稱的構圖法，避免使用完全不對稱的構圖方式，完全不對稱可滿足角色的需要，但和功能有衝突，也避免了相反的完全對稱的構圖方式，那樣會產生與上述情況相反的結果。

我們都從小玩撲克牌，很早就認識了騎士、皇后、國王等圖案，並且習慣於兩個人、甚至更多人圍桌對坐，都能清楚辨識這些圖案，但大部分的人，應該都不曾認真思考、觀察撲克牌圖案的構造原理吧？更遑論去探究對應這種原理的背後需求。

但這種東西，撲克牌圖案或卡都衛歐人的身體畫圖案，正是會高度吸引李維史陀興趣的。因為裡面明顯出現了衝突，也就逼出了解決衝突、融合矛盾的需求。既要對稱、又不能對稱；從一個角度看是對稱的，換另一個角度看卻是不對稱的，而且對稱與不對稱的角度變化不能產生混淆——這怎麼處理啊？用斜軸對稱的方式來解決。撲克牌如此解決，卡都衛歐身體畫也如此解決。從這裡看到的重點是：

卡都衛歐藝術的風格因此使我們要面對一整個系列的複雜問題。首先是把一種二分結構投射到連續不斷的平面上去，好像在鏡宮裡面那樣：男人與女人、雕刻與繪畫、具象畫與抽象畫、角度與曲線、幾何圖與蔓藤紋、頸子與肚子、對稱與不對稱、線條與表面、邊緣與主題、片斷與空間、圖案與背景。

二分結構及其融合、超克，是李維史陀最感興趣的題目。看起來不能並存，必須用二分法分開並列的東西，如何在一個文化體系裡融合成一體？李維史陀到處看到這樣的問題與現象，他也就每一次都敏感地將這些問題、現象拿出來討論，樂此不疲。

這證明了不管他自己主觀如何認定，不管他喜不喜歡，甚至不管他如何試圖劃清界線，他畢竟還是那個時代法國哲學教育的產物，他身上一直帶著年少時哲學教育留給他的思考本能習慣。

「二元論」的思考本能與習慣。前面我們讀過的句子，在第六章中，李維史陀對哲學的批判：「……經由名詞的搬弄，把兩種看法變成是同一個現實的兩個互補面：形式與內容，容器與容物，存在與外表，延續與斷裂，本質與存在等等。」他厭惡這樣的哲學「遊戲」，然而「遊戲」背後的思考模式——看到現實的兩面，矛盾的或互補的，或由矛盾的而轉換為互補的——卻始終沒有離開他的腦袋。

我們甚至可以這樣說：在李維史陀的概念中，文化最大的作用，就是找出將矛盾轉化為互補共存的方式，使人獲得了原本自然沒有提供的一種整全性、一種整合的安全感，同時也就使人獲得了其他生物所沒有的優勢。

執著於二元論

李維史陀主觀上認同英美的人類學，遠離法國的知識傳統，然而他和一般「民族誌書寫者」、一般人類學家最大的不同點，畢竟還是在於他曾受過的深厚哲學訓練。

或者我們可以倒過來從精神分析的角度說：正因為這套二元的哲學分析系統，是李維史陀最根本的文化觀察方法來歷，所以他特別要在「一個人類學家的成長」的標題上，刻意和這個系統切割開來，不讓人家容易地看出他的淵源，容易地將他和他的知識歸類。

二分法系統在他記錄波洛洛人文化時，使用得更是淋漓盡致。他說：

要讓波洛洛人改變信仰，最有效的辦法是使他們放棄原來的圓形村落，改住平行並排的房子。一旦弄亂了方位，並失去可做為原始傳說之證明的村落格局以後，印第安人很快就對自己的傳統失去感情；好像他們的社會制度和宗教體系（我們很快就會了解兩者事實上是分不開的）過分複雜，如果不藉著村落格局來具體呈現的話，如果不藉每天的日常活動不斷提醒的話，便無法繼續存在。

為什麼這個圓形村落的構造如此重要？因為村落安排徹底是二分法的。村落的中間是男人會所，旁邊環繞的是女人所擁有的家屋，這是男性與女性的二分安排。通過圓心有一條看不見的線，將波洛洛人的兩個「半族」明確劃分開來，一邊是「卻拉」，另一邊是「圖加壘」，這是半族的二分安排。

兩個「半族」之間，嚴格互相交錯通婚。這個「半族」的男人只能和另一個「半族」的女人結婚，生下來的小孩，和母親屬於同一個「半族」。家屋也屬於女性，男人結婚後「從妻居」，搬進妻子所屬的另一個「半族」那邊的家屋。這裡就產生了另外一個二元現象——女性一直住在同一個家屋裡，男性卻是流動的，原來住在媽媽的家屋裡，然後移居到妻子的家屋裡，而且還有很多時間他是住在集體的男性會所裡。會有男性會所，也就是因為男人沒有自己的家，讓他們有一個可以逃離母親或妻子地盤的地方可去。

進一步，兩個「半族」和超越世界有不同的互動關係。所有的「巫師」都屬於「圖加壘」半族。這裡的「巫師」指的是跟精靈、惡靈打交道的人。他們服侍惡靈，和惡靈間有著共生關係，因而取得特權。到後來，究竟是惡靈操控「巫師」，還是「巫師」操控惡靈，變得極為曖昧、模糊。「巫師」是惡靈與人間的中介。另外有一種「靈魂之道的大師」，則必定屬於「卻拉」半族。這種「大師」接受了超越世界的召喚，因而能給人間帶來特殊的力量。

「巫師」和「大師」，「圖加壘」和「卻拉」兩個半族，從中衍生層層疊疊的二元關係。

巫師是天上與地球上的力量之主宰，從第十天一直管到地底深處；他控制的力量，他所依賴的力量，也就沿著一條垂直的軸排列；而大師則掌管靈魂之道，管理的是一條橫座標，從東邊到西邊，兩個村落的死者分居兩處。

一個縱的、一個橫的，方向上的二元關係。還有：

所有波洛洛神話裡的圖加疊英雄都是創造者與造物者；卻拉英雄則都是和平者與組織者。前者使各種事物存在：水、河流、魚、植物和人造物；後者則組織創造過程，救人於魔難，分配特定食物給各種動物。

一個創造，一個安排創造過程與秩序，這是分工的二元關係。還沒完：

擁有政治與宗教權力的卻拉半族被稱為「弱者」，而圖加疊半族被稱為是「強者」。圖加疊比較接近物質世界，卻拉比較接近人類世界，而歸根究柢，後者並不會比前者更強有力。社會並不能全面成功地欺騙宇宙的秩序。即使是在波洛洛人裡，征服自然之前必須先承認自然的優先性，對自然的需求給予優先考慮，才能成功。

一個物質、自然，一個精神、人間，又有領域上的二元關係，同時藉由兩族的強弱分配，表現波洛洛人的信仰——自然比人更強大，在這套世界觀中，可以控制人、統治人的，不是「強者」，反而是「弱者」，弱者才有和自然協調溝通的能力。

二分法、二元論，將事物分成兩邊，討論兩邊形成的各種交互關係，是李維史陀最喜歡、也最擅長運用的文化解釋模式，也是他眼中根深柢固的文明圖像。人類文明的奧妙，就在如何運用二元，兩個部分可以互相合作，也可以互相對抗，而合作與對抗，又形成更高一層位階的另一組二元。對抗中有合作、合作中有對抗，還可以再往上螺旋盤桓，創造出更高層的二元組合……

人類文明所有的機制，幾乎都可以被包納在不同層級的二元運作中。李維史陀論理的核心力量以及他論理的致命缺憾，都來自這套二分、二元的執著概念。

建立文化元素表

李維史陀進行「民族誌」記錄時，同時就進行了對於這個文化的解析，而且是進行最普遍理論的對比分析。他沒有辦法區分開原始材料、客觀記錄和整理歸納、主觀解釋。對他而言，沒有主觀解釋的架構，就無從進行文化調查與記錄，在記錄波洛洛人居住分布的同時，必然要記錄他們如此分布的道理；對他而言，那一連串的解釋，和波洛洛居址分布圖同等客觀，只不過一個是理論上的客觀，一個是現實上的客觀而已。

李維史陀另一個迷人之處：他如此熟練、自在地將人類學中最低階、最基層的工作，和這個領域中最高層、終極的追求混雜在一起。調查繪製波洛洛居址分布圖的同時，他也同時在思考、解答「人類文明如何可能？如何形成？」。《憂鬱的熱帶》第二十章中，他說：

> 一個社會的種種習慣，以整體來考察，會具有其個別的風格，這些風格形成不同的體系。我相信這些體系的數目並非無限的多，人類社會的遊戲、夢幻與妄想，就像個人的遊戲、夢幻、妄想一樣，從來不是憑空創造出來的，都只不過是從一個理想中可能出現的所有情況裡頭，挑選出有限的幾種結合方式而已，而那理想中的所有情況是可以界定出來的。

他在做的，就是去界定「那理想中的所有情況」，也就是將人類社會、文化組成的現象歸納到其根本的模式。幫助他將表面上看來五花八門、近乎無限的現象予以大幅限縮其多樣性的重要論理工具，就是二分法、二元論。再怪、再複雜的文化現象，先找到可以將之剖分為二的那條想像的、具有「心靈功能」的線，就容易進一步討論線這邊和線那邊的關係，也就容易找到在「理想的所有情況」中安放這些現象的辦法。

這像是化學的「元素表」。化學家相信儘管世界上物質種類近乎無限，但所有的物質都是從有限的「元素」組構而成的。在研究、記錄任何物質時，化學家的本能，除了觀察、測量其基本性質——質量、硬度、三態、熔點、溶點、延展性等等——之外，必然同時進行「元素分析」，或者說以既有的「元素表」為基礎，拆解這項物質的分子結構。化學家記錄物質的同時，必然試圖回答：「這是什麼樣的物質？」回答的方式，實質就是：「這是由什麼元素、如何結合產生的？」

李維史陀在做這樣的「文化化學家」。一般人、外行人看到的是「水」，但一個專業的化學家看到的，卻是由氫和氧兩種元素依照特定比例、特定方式形成的組合；同樣的，一般人、外行人看到的是「巫術」、是怪誕儀式風俗，專業的人類學家應該要有能力看出來，那其實是由幾個根本的文化元素用特別方式組合而成的，沒有那麼怪誕、沒有那麼獨特。化學家知道，我們所呼吸的空氣和我們喝的水，儘管表面看起來差那麼多，兩者卻有著堅實的相似性——都含有氧分子；同樣的，人類學家知道，蜂蜜和灰燼，表面上看起來差那麼多，兩者卻有著堅實的相似性——請大家自己去讀李維史陀在《神話學》裡的解釋。

李維史陀一輩子努力不懈，一方面要找到拆解出「文化元素」的方法，另一方面要建立起「文化元素表」來。他既要做人類學的拉瓦節，也要做人類學的門德列夫。

結構與多樣性的曖昧矛盾

李維史陀認為，社會和人一樣，會做夢，會將其群體意志無法完成的事，投射到夢裡。藝術就是社會集體的夢，集合了社會的挫折與滿足不了的慾望。從這個角度看，他所進行的知識活動，是社會的精神分析。延續前面的比喻——當我們只看到水，那就像是水的顯意識一樣；我們必須撥開水的性質，看到水是由兩個氫原子和一個氧原子結合而成，才探入了水的更真實的內在，水的潛意識。

這就是李維史陀的社會精神分析方法論。如同化學家般，將社會與文化現象一一拆解，還原其中的元素構造，我們就穿透了表面呈現的整體假象，挖出內部更關鍵也更真實的「結構」，一種潛意識層中決定社會與文化行為模式的力量。

抱持著這樣的思想信念，李維史陀要做的、所做的研究，和其他人類學家相去甚遠，所以他能產生別人不會有的巨大影響。不過，將他的研究放回人類學的關懷中，也就出現了一項終其一生無法解決的曖昧不明——那到底「野蠻人」、土著部落、文化、卡都衛歐人、波洛洛人、南比克瓦拉人……他們的意義究竟是什麼？他們還有特殊的意義嗎？如果人類學的目標是找出人類行為與文化的「結構」，那還有必要透過對於這些「野蠻人」的調查、研究嗎？如果我們找到的，是人類共同的「結構」，那麼透過「野蠻」和透過「文明」或「現代」，不就沒有差別了嗎？

一九八〇年代之後，人類學中發展出了新的分支——「現代文化人類學」，用人類學的文化觀念，尤其是異文化的觀察、分析方法，來研究當下的現實社會。在這門新興學科中，最紅最熱鬧的，是「時尚流行人類學」。為什麼要如此打扮自己？為什麼覺得怎樣的模樣很「潮」？為什麼時尚美感不斷改變？決定時尚流行品味的因素究竟是什麼？用分析土著紋身、身體畫、饗宴儀式的文化概念來重新查考這樣的問題，得到了許多既有趣又發人深省的答案。

伸展台模特兒的身體，和「野蠻人」的身體，豈不是有許多相類似之處？模特兒炫耀、表現外表的方式，不是也如此奇特，奇特到違背了許多我們認定的「文明」標準嗎？他們的身體，不「野蠻」嗎？

換從相反方向看：如果透過研究巴黎時裝秀，我們也能夠得到關於人類處理身體的基本行為模式與意義，那還需要「野蠻人」嗎？如果人類學家可以在巴黎時裝秀上進行田野調查，他還一定得要經過傳統的訓練，去到愈來愈難找的偏遠地區，對「野蠻人」進行田野調查嗎？

以往「野蠻」的一大功能，是對照「文明」。調查「野蠻」，讓我們更明白「文明」是怎麼回事。對照「野蠻」和「文明」的根本差異，我們還能進一步弄清楚「文明」到底是怎麼來的。但這都是基於凸顯「野蠻」和「文明」的差異，用「求異」的態度，才能發揮的作用。

但李維史陀的「結構」觀，走的是相反方向，強調的是「求同」——看出

「野蠻」和「文明」間的相同之處。從這個立場，照理說，李維史陀沒那麼需要「野蠻人」，找出了「野蠻」和「文明」共同的「結構」之後，「野蠻人」、土著文化就可以被拋棄了，「得魚忘筌」，「結構」是「魚」，「野蠻人」不過是幫助捕到魚的「筌」罷了。

但在現實上，李維史陀是曖昧的。他一輩子研究「結構」，但同時他也一輩子研究美洲的印第安土著文化。

《憂鬱的熱帶》第二十三章討論「生者與死者」，李維史陀說：

> 有些社會讓其死者安息；只要定期對其致敬，死者就不干擾生者。即使死者回到生者身邊，也只是偶然為之，而且都在特定的時間內……生者和死者的短暫會面，都以關心生者的利益為原則與目標……與這種構想形成對比的，是另外一種構想……有些社會……不讓死者安息，強迫死者為他們服務。有的服務會實際利用死屍……有的服務只是象徵性質，社會中的成員為了競爭尊嚴和地位的目的，不斷地要求死者幫忙，或者利用祖先的

名字，在系譜上做手腳來合理化他們想獲取的特權。

這是重要的整理結論。但有意思的是在呈現這個結論前，他描述了波洛洛人的宗教現象：

他們把宗教完全視為自然而然的事。在男人會所裡，儀式性的手勢和別的手勢一樣隨隨便便地進行，好像儀式性的手勢也不過是一些實用性的動作，目的在於達成某種特定的結果，並不需要採取那種連無神論者進入宗教場所時都會覺得有必要表現出來的崇敬態度。

我們走進廟裡，就算不信教不信神，都會不由自主對著神像或佛像合十禮拜；平常吵鬧的觀光客，進入了歐洲的古教堂，尤其是仍然持續使用、有信徒默坐在長條木椅上的教堂，一定要收斂了嗓音與動作。但，李維史陀要指出的，波洛洛人沒有這種精神信念和日常行動區隔開來的習慣。宗教沒有日常以外的特屬空間與特屬氣氛，宗教隨時都在日常行動中，和世俗的、非宗教的行為舉止分不開。

在歐美，或在伊斯蘭教的國度，不會看到這種態度。就連小孩都知道，望彌撒時不能一邊唱聖歌一邊抓癢。一天做五次禮拜，就算再忙，都得要鋪好毯子，對著麥加禮拜，絕對不能邊抽菸邊開會邊祈禱。聖與俗的界劃區隔，是必須的、也是必然的。

波洛洛人只有一種日常的、雜混式的時間與空間，所有行為都可以弄進來，互相交錯，連宗教都沒有專屬的時間與空間，沒有人們必須專注於宗教儀式，不能做別的事的神聖時空。

這種連續、混雜的態度，延伸到對待生死上，就出現了那種生者拖著死者不放的情況，生與死，也沒有明白、絕對的劃分，也被視為是連續的、混雜的。

精彩、雄辯的描述與分析，但其背後存在著無法調和的矛盾。一方面，李維史陀揭露著人類生死意念、生死關係的根本結構；但另一方面，他卻又將波洛洛文化的宗教態度，刻劃得那麼特殊、那麼突出！

人類文化有共通的結構，但人類文化又有出人意表、不可思議的奇景奇觀。那麼，共通性和多樣性，哪個比較重要？還有，多樣性不會讓人懷疑共通性的有效程度嗎？或者，倒過來，共通性不會引導我們認為多樣性不過是表面的、浮泛的嗎？這兩者，似乎沒辦法如此安然並存，不產生彼此間的矛盾、衝突吧？

李維史陀始終是曖昧的，他堅持文化有「結構」，對文化的研究一定要找到「結構」才算數，但他又一直不放棄對於多樣的著迷，絕對不可能狠心用「結構」來拒斥多元多樣，不可能找到了根底的「結構」，就拋棄帶著我們去發現「結構」的多元人類行為樣貌。

真正的洞見

李維史陀對生者與死者關係的簡潔判分——「斷裂的」和「連續的」，區隔有距離的和糾纏不清的，對人類學、歷史學上產生了重大刺激，引發了許多突破性的研究結果。

其中一個了不起的突破成就，就出現在中國古代歷史的研究上。張光直先生從考古學、人類學角度切入，重新省視了商與周的歷史，提出了商、周之際變化的新解釋。

商與周，不是兩個朝代，而是兩套截然不同的文化。一個來自東部，一個來自西部，曾經共存超過百年，後來在連續的衝突事件、連環變化中，周人「翦商」，取代了商人的政治共主地位。

而商與周關鍵的文化差異，張光直先生仔細爬梳史料後清楚呈現：就在一個是「連續性」的文明，另一個是「斷裂式」的。商人相信現實世界和祖先（死者）的世界間，沒有絕對的界線。他們不會讓死者安息，他們的日常生活中充滿了和死者溝通的儀式，用李維史陀的話說，就是「強迫死者為他們服務」。商文化中最重要的器物——卜骨、卜甲、青銅器——都是生者用來和死者溝通的工具。再用李維史陀的話說：「他們相信死者會用同樣的方法對付生者，由於生者利用死者，死者也會對生者不斷地做要求，對生者愈來愈不客氣。」所以要對死者畢恭畢敬，凡事都要問死者意見，於是也就將生者與死者的領域更加牢牢地綁在一起了。

相對地，周人的文化，強調活人、強調生者，相信死者死了就不會干預活人的世界。死者和活人之間的關係，不是透過死後的服務或命令，而是透過生前留下的榜樣與規範，透過留在生者世界裡的記憶或記錄。

商人文化重視巫師、卜者，他們傳遞即時的死者意見；周文化卻重視「史」，史官負責的是保存死者未死之前的經驗與智慧。

周人取代商人，決定了後來兩千多年中國文化的基本性格。我們今天認識的中國文化，是周文化的遺緒，鬼氣森森、生死不分的商文化就被周人壓抑下去了，在中國文化的主流中消失，趕到邊緣或底層的小傳統去了。

藉由李維史陀開啟的分類洞見，張光直先生得以跳過來兩千多年來的史料偏見，還原商文化的根本特性，這真是不得了啊！

李維史陀沒有解決、甚至拒絕解決共通性和多樣性的曖昧，但這種態度非但無礙於他的影響力，或許還倒過來加強了他的影響力。

閱讀、理解李維史陀的人，可以在這中間自我選擇，而不管選的是哪一邊，李維史陀的著作裡，都提供了夠多的線索與洞見，讓人可以耗時費力追究下去，得到豐沛的成果。你可以選擇追究人類文化中生者與死者關係的基本文法；你也可以選擇蒐集記錄人類文化中處理生者與死者關係的奇詭現象。基本文法的分析方式，李維史陀在《憂鬱的熱帶》書中做了很棒的示範，挑戰你能不能像他那樣找到「連續」或「斷裂」的模式。奇詭現象的搜羅，李維史陀在《憂鬱的熱帶》書中也做了絕佳的示範，挑戰你能不能看得出、找得到像波洛洛人那樣溶混精神世界與日常生活的極端案例。

第十二章
承先啟後

為什麼是蕭邦？

《憂鬱的熱帶》第三十七章中，李維史陀如此回憶：

……在馬托格羅索西部的高原上，一連好幾個禮拜的時間，如影隨形纏繞腦際的，不是那些羅列在我四周、不會再有第二次機會看見的事物，而是一段被竄改了的曲調，再加上因自己記憶力欠佳而更顯得軟弱無力的曲調——蕭邦作品第十號，鋼琴練習曲第三號。這支曲子經過一種我當時已深切意識到的辛酸嘲諷的扭曲，居然成為我遺棄在背後的那一切事物的具體象徵。

然後他整理了一下他的音樂資歷：

為什麼會是蕭邦呢？我自己從來並不特別喜歡他的作品。我在成長過程中所受的教養使我仰慕華格納，不久之前我自己發現了德布西，不過在這以前我已知道史特拉汶斯基的作品《婚禮》，曾聽過其第二場或第三場的演出，那作品展現給我一整個世界，一個在我看來似乎比巴西中部草原更為真實、更為豐富的世界，同時也擊碎在聽到那件作品之前已經形成的關於音樂的一切信念。

很清楚的，他的音樂品味傾向於後期浪漫派的宏大和聲，再加上印象派與早期現代派的「小宇宙」試驗。更大的，或更小的，朝兩個極端方向發展的音樂。因而，這個大疑惑有待解釋：

為什麼會是蕭邦呢，而且還是他最枯燥無味的不重要作品，居然在我身處一片荒野之中時，硬是跑來纏繞著我呢？給這個問題找答案，比從事將會使我在專業上更說得過去的人類學觀察還令我關心。

如果用我這一代人聽音樂的經驗來比擬的話，那像是我們年輕時聽Beatles，大家都聽Beatles，然後我們發現了比Beatles驚人的The Doors，再來呢，我們又永遠難忘地被Pink Floyd的音樂震撼了。我這樣聽音樂長大，然而有一天，處在一個完全陌生的環境，吸收著奇特的景觀與感受，我腦海中繚繞不去的，竟然是鳳飛飛的歌！

蕭邦作品十之三，很常聽到也很好找。這是蕭邦鋼琴練習曲中，最受歡迎的一首，在中文世界裡有一個暱稱——〈離別賦〉。曲子前段優美的旋律，大部分人都能哼唱得出來，但大概也就是這段旋律，讓李維史陀感到「枯燥無味」。他的意思主要是凸顯了蕭邦音樂太過簡單，缺乏像他喜歡的後期浪漫派到印象派那種複雜性。

我想到，從蕭邦到德布西之間的行進過程，如果再回過頭去欣賞蕭邦的話，可能有更多的領悟。原先使我更喜愛德布西的那些快樂之感，現在我可以在蕭邦的作品裡面得到，但卻是在一種異常涵蓋、不確定、容易接受的型式底下，以至於剛開始時我根本注意不到，而直接地去選擇接近用最顯而易見的表現方式表現出來的作品。我現在正在完成一種雙重的進步：經由更深入了解較早期作家的作品，我更能夠在那些作品裡發現某些隱藏起來的美，任何人如果不先知道德布西的作品的話，便無法欣賞到這些隱藏起來的美。

他在說什麼？他試圖要告訴我們的領悟是什麼？他從對於德布西音樂的喜愛中，察覺了一些和聲、形式、情感的不同表現安排，回頭發現：其實這些東西也存在於蕭邦的音樂中。這些後來被德布西創造出來、發揚凸顯的性質，在蕭邦的作品裡，是以隱晦、幽微、潛藏的方式存在的，被掩蓋在更容易被習慣、被察覺的「枯燥無味」的表現底下。

如果沒有德布西，我們就只有一直用同樣的方式聽蕭邦，只聽到那些習慣可以察知的部分。有了德布西，聽過了德布西，我們回頭聽在德布西之前的蕭邦，聽到了不一樣的東西。換句話說，不是發生在前面的，影響、決定了後面的作品，形成傳承關係，而是奇妙的顛倒——後面的影響、決定了前面的；後面的作品，改變了我們對前面作品的認知與理解。

他用這種「顛倒」的邏輯，重新解讀〈離別賦〉：

它似乎不斷地在展示它的新魅力。先是緩慢地出現，然後它似乎在揉著它的線，好像是想把即將來臨的終結掩藏起來似的。揉線打結的舉動變得愈來愈無法抽離開來，以致令人開始懷疑或許整首曲子就要崩潰；突然地，下一個音符帶來完整的終結，整個逃避的路程顯得更為大膽，特別是前面先出現的那些危險的音符，使得這樣的結束變成必要，也使得這樣的收尾成為可能；一旦最後一個音符被聽見以後，達至最後一個音符之前的所有音符都被映照明白，有了新的意義：那些前行的音符所追尋的，再也不會被視為是隨意而為的了，而是一種準備工作，替那個想像不到的結束方式做準備。

李維史陀發現，也應該這樣聽〈離別賦〉：讓樂曲的後面來詮釋前面，聽到了後面的音符，我們因而理解了前面音符的意義；或說後面的音樂安排，改變了我們在前面原先以為自己所聽到的。音樂並不是我們以為的那種理所當然的時間藝術，線性地從前面走到後面，前面是後面的前提、條件，前面決定了後面；不，音樂中會有顛倒和交錯，後面的出現改變了前面的意義，甚至後面的部分反過來決定、定義了前面的部分。

音樂如此，音樂史也如此。我們聽貝多芬的音樂，必然對他獨樹一幟的突強音留下深刻的印象。聽熟了貝多芬，了解了他以突強音來打破節奏慣性，創造情感轉折的手法，我們重聽在貝多芬之前，曾經是貝多芬作曲老師的海頓的作品，我們意外地聽出了原來沒聽到的內容——海頓已經在試驗各種打破節奏慣性、創造情感轉折的方式，只是他沒有寫得像貝多芬那麼戲劇性、那麼誇張。海頓的突破，藏在更普遍更平衡的古典形式中，我們過去聽不見，然而經過貝多芬的戲劇性誇張表現後，藏著的浮上來了，海頓早已寫好的樂曲，有了不一樣的重點，有了不一樣的聽法。

歷史也是如此，歷史上後來發生的事，反而才替我們燭照出前面的意義，至少是某些原本潛藏不彰的意義。

所有的經驗都是當下的

這樣的觀察、洞見，已經和「民族誌」、和人類學沒什麼直接關係了。讀《憂鬱的熱帶》，讀到後面，我們會察覺這本書的一個基本方向。從遊記開始，從通俗經驗的記錄開始，逐漸走向專業、學術的「民族誌」與文化分析。在第六部、第七部處理波洛洛人和南比克瓦拉人時，這種傾向到達了最高點。然後第八部寫吐比─克瓦希普人時，李維史陀的筆法開始掉頭，逐漸遠離「民族誌」，走回常識與廣泛的觀察。

雖然第八部的標題，和前面五、六、七部一樣，都用了美洲印第安人的族名，但其寫法和目的，大不相同。第八部的主體，不在描述、分析吐比─克瓦希普族，而在記錄李維史陀如何經過反覆的努力，卻都無法找到吐比─克瓦希普族。文章中夾雜了許多和吐比－克瓦希普族沒有直接關係的內容，是他在接觸吐比－克瓦希普族過程中的所思所感。這樣的寫法，又愈來愈像遊記了。

到了第九部，全書最後一部「歸返」，印第安人幾乎徹底消失了、南美洲也退場了，留下來的，是如同波特萊爾面對巴黎般的態度。李維史陀以一種詩人、詩性的敏感，在尋索、思索：「我究竟看到了什麼？」「我真的看到、感受到了什麼嗎？」

最後一部中，回復詩人身分的李維史陀大量運用譬喻，多層次的譬喻。迴響在腦中徘徊不去的蕭邦樂曲，同時也是對於旅行的一個譬喻。讓我們把這一段話再讀一次，並繼續讀下去：

一旦最後一個音符被聽見以後，抵達最後一個音符之前的所有音符都被映照明白，有了新的意義：那些前行的音符所追尋的，再也不會被視為是隨意而為的了，而是一種準備工作，替那個想像不到的結束方式做準備。或許，這也就是旅行的本質吧，它探察的是我自己腦袋中的沙漠，而不是那些在我周遭的沙漠吧？

普魯斯特的名著，稱為《追尋失落時光》（《追憶逝水年華》的直譯），如何「追尋」？靠著記憶。記憶不是隨時收在我們腦中現成的東西，記憶是要經過努力去叫喚出來，去體認體驗的。更重要的，記憶不是過去時光的如實保留，或說，不是簡單地以過去經驗的形式存在著。記憶每次浮現，除了被記憶的那個過去時光之外，無可避免必然雜混了記憶發生當下的，也就是後來的、現實的時光疊影、干擾。你從來沒有辦法就是記得八歲時從溜滑梯上跌下來的經驗，十五歲時回想、三十歲時回想、在老家的環境中回想、在和朋友聊天時莫名其妙回想、老病臥床時回想，都必定會有不一樣的感受，會記起不一樣的細節，甚至會賦予這樁經驗截然不同的意義。

普魯斯特寫的，不是五歲時夜晚不願上床睡覺的那件事，不是回到五歲時的意識、觀念與語言，而是四十歲、得了肺結核、知道並體驗了媽媽將會離開的事實之後，在眾多因病而生的敏銳視覺、聽覺訊息交雜下，重新活過一次五歲的夜晚，那份不甘心、等待的時光。

旅行讓我們集中地吸收了大量的陌生感官刺激，像是把我們移往一個不同的生活風格中般。於是，就像「印象派」的德布西音樂反身挖掘出了「浪漫派」蕭邦作品中的不同細節與不同意義，旅行中我們也就換了不同眼光，表面上在看周遭奇事奇物，實質深層地，再以奇事奇物沖激創造的眼光，重新審視自己的記憶版圖、記憶風景。

「現代偏見」的用處

重新認識的蕭邦音樂甚至構成一個更大的隱喻，超過《憂鬱的熱帶》，包納了《憂鬱的熱帶》。李維史陀這段話的意義，我們必須在讀完了《憂鬱的熱帶》、進而讀完了他後來幾十年努力撰寫的《神話學》四部大作，才有辦法掌握。

我們如何看待「野蠻人」、「野蠻文化」，如何看待那些停留在過去，沒有跟我一起進入「現代」的社會與文化？我們只能透過「現代」，帶著「現代」知識，也就是已經知道了歷史結果，知道了「現代」的出現、發展、勝利，去看這些文化。所以我們會特別看到對比下，他們的延續、停滯、落後與脆弱。

人類學一直試圖要擺脫「現代偏見」，尤其是馬林諾斯基以降，不斷強調客觀的重要性，不斷發明新鮮方法來限制人類學家的「現代偏見」，要他們「如實」記錄偏遠、「野蠻」的文化。

李維史陀換了不一樣的態度。就像記憶不可能排除後來經驗的干擾般，對於「野蠻」的記錄也不可能不受到「現代」的影響。更進一步，正就因為我們意識到「現代」的干擾，我們反而才能看清楚這些「野蠻文化」的特殊重點。

就像德布西的音樂彰顯了原本未曾對我們顯現的蕭邦音樂一樣，現代文明可以倒過來突出「野蠻文化」的價值，一些「野蠻人」自己都不瞭解，也無法「客觀」浮現的價值。在「現代」中有特殊意義——不管是類似的或互補的意義——的成分，原來都早已用不同形式存在於「野蠻文化」中。

這是不是「現代偏見」？是，但那是運用「偏見」來給予「野蠻」一種價值尊嚴的正義，一份「詩學正義」，或「詩的正義」——poetic justice。在「野蠻」中有我們今天以為是「現代人」獨占的種種思考型態，在「野蠻」中還有其他一些我們已經遺忘、已經失落的不同思考型態——例如那強而有力的「類比式思考」。

如果我們聽蕭邦就只聽蕭邦、聽德布西就只聽德布西，那就不可能藉由聽德布西而恍然發掘了蕭邦與德布西的幽微聯繫。同樣的，堅持不帶任何「現代偏見」進入部落，硬要排除所有「現代元素」，那麼我們也就喪失了藉由文化後來的變化來考察其前端狀態的敏感洞視。

第十三章

遠行的意義

成神就不再是人

《憂鬱的熱帶》第三十七章中，說完了蕭邦的音樂之後，李維史陀竟然接著介紹了一部劇本，他自己在六天當中寫了一半後放棄了的劇本。

這劇本叫《奧古斯都封神記》。「奧古斯都」是羅馬史上屋大維獲得的榮銜，將屋大維的地位提升到和羅馬諸神一樣高。李維史陀在劇本中，揣摩了屋大維面對自己即將被「封神」時的心情。

……奧古斯都自己孤獨一個人，和一隻鷹在對話：這鷹不是普通的鳥，不是神性的徽記，而是一隻野鷹，摸起來暖和，聞起來發臭的那種……這隻鷹對奧古斯都解釋道，他即將取得的神性正好會使他不再感覺到目前所感到的那種厭惡之情，現在因為他還是一個人，所以還籠罩在那種厭惡感之中。奧古斯都將會感到自己已經成神，但不是經由什麼神采四射的感覺，也不是由於任何可製造奇蹟的能力，而是由於他會有辦法忍受野獸靠近身旁而不感到厭惡，能夠忍受野獸的臭味，忍受野獸覆蓋在他身上的糞便。腐屍、殘敗和排泄物對他而言將變成非常熟悉：「蝴蝶會飛到你的脖子上來做愛，任何地面對你而言都將成為可以安睡之所；你不會再像現在這樣，看見到處豎著刺，布滿蟲子和傳染病。」

藉由這隻野鷹，李維史陀在劇本裡提出了一種關於「神」的觀念。神是什麼？神最大的特性，就不是人，沒有人身上所帶著種種人性的分別，尤其是和自然之間的分別。作為一個人，你會去劃分什麼是適合人居的環境，什麼是讓人厭惡、想要逃避的現象。腐屍、殘敗、糞便，甚至環繞飛舞的蝴蝶，都是讓人神經緊張的東西。但神不是如此。什麼時候你知覺自己變成了神？不是通俗意象中的「金光閃閃，瑞氣千條」從身上放散出來，而是你不再計較人所計較的，不再去分別人所分別的。

一般「封神」的概念，仍然是出於人間的想像，慣常將神想像為更高、更有權力的人間帝王。但這不是神的概念下的神。真正的神，他首要的條件，就是離開人，和人不同。人要在自然之外打造人的居所，神沒有這種分別，他就是自然，他不嫌棄野性的臭味，不嫌棄任何自然現象，甚至他沒有和這些現象分別的意識。

當奧古斯都還是個人，從分別的角度看去，他會厭惡、乃至害怕「封神」這件事。然而一旦他真正變成了神，厭惡、害怕的感覺自動就消失了，因為那份分別消失了。野獸成了他的一部分，他當然就不會像人一樣害怕野獸的攻擊，厭惡野獸身上的臭味。

書中對於這個劇本，李維史陀說：「六天過去以後，靈感已經枯竭，劇本仍未寫就，而靈感也一去不復返。把當時急急寫下的手稿重讀一遍，我不覺得有什麼值得惋惜的。」意思很明顯，他自己對這部劇本的評價很低，也沒想要再花時間將劇本完成。但如果真是這樣，那為什麼又要在《憂鬱的熱帶》中長篇交代劇本裡到底寫了什麼？

莫非李維史陀只是裝得謙虛，其實敝帚自珍，覺得自己寫的劇本很了不起？應該不是，我的解讀是：對於劇本，他真的不覺得夠好、需要保留，但劇本中提出的概念或問題，卻對於他後來的人生與學問追求，有重大啟示意義，因而要在這裡鄭重地記錄下來。

他珍惜的，就是自然與社會、自然與人之間根本對立的觀念。他的龐大《神話學》研究體系，就是將人類所有的神話，都視為是要處理這項根本對立的手段。神話是什麼？神話是人形成了社會、離開了自然之後，用來解決對自然的記憶，和自然的緊張對立的解釋。各種文化中產生了千變萬化的神話，然而萬變不離其宗——都在處理自然與社會的對立，讓相信這些神話的人，得到安慰，減緩對立中對於自然的害怕與厭惡。

為了證明黑天鵝不存在

李維史陀放棄了又撿回來的劇本《奧古斯都封神記》中，另外一項重要元素，出現在西拿這個角色身上。西拿深深愛著奧古斯都的妹妹卡蜜爾。但是：

必須依照社會習俗的律法才能得到卡蜜爾，對他來說是無法忍受的事。西拿想要經由向整個既成秩序挑戰的方式來得到卡蜜爾，而不是通過既成體制。因此他決定取得隱遁者的聲望，以便他能迫使社會攤牌，使社會讓他得到社會本來就準備要給他的女人。

西拿跑到大自然中，過一種「自然」的生活，也就是一種「非人」的生活，展示了反抗社會的明確姿態，取得了「隱遁者」的名聲。這種「隱遁者」，在自然間經歷了別人沒經歷過、別人無法忍受的事情，其實也就等於是個「探險者」。

現在西拿終於頭上戴著榮耀的光環回來了，他現在是每一場社交晚宴都最歡迎要求列席的探險家，但只有他自己明白，他付出如此高昂代價所取得的名聲，其基礎只不過是個大謊言……西拿對奧古斯都命定要得到的那一切感到嫉妒，因此想要擁有一個比他更為廣大的帝國：「我告訴我自己，沒有任何一個人類的心靈，甚至連柏拉圖的都包括在內，能夠想像世界上所有的花卉和葉子的無限多樣性，而我就是要知道這一點；我將要收集恐懼、寒冷、飢餓和疲憊所引起的感覺，那些感覺是你們這些居住在庫藏豐足的穀倉旁精緻舒服的房屋裡的人，連想都無法想像得到的。我吃過蜥蜴、蛇和蝗蟲；我在吃這些令你們一想到就反胃的食物時，懷抱的是一個將要接受入教儀式的人的心情和信念，我深信我將因此而在我自己和宇宙間建立起新的聯繫。」

西拿和宇宙之間建立起什麼樣的聯繫？除去了社會的中介後，人和自然之間的直接聯繫。沒有了社會、文化的協助，人作為自然的一部分活著，那樣的聯繫。那其實也就是奧古斯都「封神」之後，會和自然之間產生的聯繫方式。西拿比奧古斯都更早進入那樣的「非人」的「神」的境界，他用這種方式來解決對奧古斯都的嫉妒。

但同時弔詭地，未經「封神」，靠著自己的努力進入自然，西拿代表的卻又是最極端的社會、文化態度。他帶著一份衝動、侵略性的、不饜足的「浮士德精神」進入自然。他要收集一切，要「能夠想像世界上所有的花卉和葉子的無限多樣性」，他要克服自己作為人的「有限」，去擁有自然的「無限」。

他去了，他也得到了，至少是表面上被認定他得到了。眾人對他歡呼，邀請他出席所有的宴會，卡蜜爾也對他充滿了崇拜之情。然而：

> 卡蜜爾對她的探險家充滿崇拜之情，探險家則試圖要讓她了解旅行家的故事都充滿欺騙，且都徒勞無功：「即使我有辦法把這些事件中每一件事的茫然空虛以及不具意義表達出來，我的遊記仍然還是不得不採取說一個令人出神、可以吸引人們注意力的故事的方式才能說得出來。然而那經驗本身根本就是空虛；我所看到的大地和這裡的大地近似，草葉也和這片草地的草葉一模一樣。」

「隱遁者」或「探險家」已經去了遠方，已經離開社會活在自然之中，在別人眼中取得了特殊的地位，相信他一定「在自己和宇宙間建立起新的聯繫」，相信他一定克服了作為人的「有限」，擁有了自然的「無限」。換句話說，在別人，包括卡蜜爾的眼中，西拿也已經「封神」了。問題在：他真正去了遠方，真正處於自然中，他沒有辦法像唬弄別人那樣欺騙自己。他知道，一直知道，自己仍然是那個「人」。

所以，在第三十八章開頭，李維史陀就明說：

前一章描述的戲劇寓言，只有一個道理：說明一個在不正常的生活條件中度過一段長時間以後的旅行者，所顯露出來的心理失調。但是問題仍在：人類學家如何克服他的選擇所造成的矛盾？他眼前就有一個現成社會，可以做研究對象——他自己的社會；他為什麼決定放棄這個社會，把他的耐心和熱誠保留給另一個社會，而且常常是一個最遙遠、最陌生的社會？

這段話呼應了全書最前面，旅程開始之前就表白的對於旅程的懷疑。旅程要結束了，這份懷疑仍在，仍然沒有解決。

人類學的旅程是什麼？是去到少有人去過，也就少有人經歷、見證過的遠方，正因為去的地方那麼遠、那麼稀奇，從自己到別人，都抱持著應該會看到、找到稀奇事物的高度預期。稀奇，意味著一般、「正常」文明社會中不會有的。要不然，幹嘛費那麼大力氣、忍受那麼多折磨、去到那麼遠的地方？

如此的預期，也就部分決定了人類學家要磨利感官，在遠方尋找稀奇。跨越海洋、深入森林、忍受病痛、幾度面臨致命危險之後，你絕對不會要在那遠方看到和你出發的社會同樣的街道、同樣的店家、同樣的生活習慣。

人類學家的旅程，出發前就已經先被設定好了。大多數的人類學家都按照這樣的設定去走他們帶有高度探險意味的旅程。李維史陀沒有。他誠實地寫下了旅程中無法壓抑的感受：遠方其實沒那麼稀奇。遠方無法保證必定有稀奇的事物。到了遠方，他不斷看到熟悉的現象，也就不斷質問自己、甚至咒罵自己：「幹嘛跑那麼遠的路來呢？這些，難道不是留在原有的環境裡就可以知道的嗎？」

當然，「誠實」不足以提供完整的解釋。關鍵的差異，不在於其他人類學家不夠誠實，沒有將這份牴觸一般預期的失望、無聊之感表達出來，而在李維史陀內在已經有、一直有將人類文化視為一個總體的信念。他相信有一種普遍的、共通的人類文化「結構」、「總意義」，他關切的是找到並證明「結構」、「總意義」，而不是去調查文化可以有多少相異面貌。

他像是一個知道天鵝是白色的，為了證明天鵝是白色的，而到處看天鵝的人。他不能不看天鵝，因為只要出現一隻黑天鵝，就推翻了他的假設。然而只要沒有看到足以推翻假設的黑天鵝，他眼中看去的天鵝都是一樣的，他不會在意他們的脖子有長有短，翅膀有肥有瘦，叫聲有高有低。都是一樣的天鵝。

人類的文化多樣性不可能是無窮的。這是李維史陀的信念，是他到遠方想要證明的。他會不斷在多樣中看出規律，也就無可避免在多樣中找出了千篇一律，找出了「野蠻」的共同邏輯，找出了「文明」的共同結構，也就等於找出了自己大可不必跑那麼遠來的理由。

戲中的西拿，明顯是針對人類學家的隱喻：「我所看到的大地和這裡的大地近似，草葉也和這片草地的草葉一模一樣。」然而因為他真的去隱居了，取得了隱居者、探險者的名聲，以至於就算要告訴人家路途上的「近似」、「一模一樣」，路途上的無聊，都沒有辦法，人家不要聽、聽不進去。

去一次就夠了

本來要去一年，但八個月後，李維史陀就投降認定：沒有任何人能夠在異文化環境裡待到八個月，還能夠感受異文化。就算繼續維持記錄異文化的工作，也無法真實感受異文化了。但回到「文明世界」後，別人只要看你的異文化記錄，沒人要聽你抱怨異文化其實沒那麼「異」，其實多麼無聊。即便你講了，人家也不信；即便他信了，他也無法體會。

李維史陀認定：從遠方探險旅程歸來，注定要說謊。「文明世界」的聽眾，始終活在「文明」的投影之下。他們就是無法理解你在異文化的時空中夠久了之後，所看到的更高一層的相似、共通。「文明」的投影籠罩，使得他們只要知道「文明」和「野蠻」的差異，「這裡」和「那裡」的差異。打開表面的差異，呈現內在的相似、共通，無法得到聽眾的共鳴。

《憂鬱的熱帶》最後一部「歸途」，不管在筆法上或敘述時間上，都回到了第一部，於是我們恍然大悟，那奇怪的第一部，標題不是「開始旅行」，竟然是「結束旅行」。這本書，由「結束」開始，最後又由「結束」結束，繞成了一個「雙重結束」的圈環。

的確是「雙重結束」。書寫完了，既意味著李維史陀人類學旅程的結束，他不會再度啟程走上這樣的旅途，野心更大地，李維史陀還要宣告過去人們認識的那種人類學探險旅程，也就從此結束了。

我們必須停止自欺，我們要承認：隨時都活在文明的投影下的人，意識不到、感覺不到在異文化、「野蠻」中生活了八個月後產生的領悟。正因為遇到了太多稀奇古怪的現象，逐漸地，現象再也刺激不了稀奇之感，所有的稀奇古怪都變得不稀奇、不古怪了，於是現象退位，「結構」浮凸了出來。遠方失去了原來的意義，我們可以回家了，因為這種「結構」在家裡也有，也找得到，不需要大老遠來找。從「結構」的角度判斷，必須跑到大老遠才找得到的，也就必然不重要，那不過就是逃不出「結構」手掌心的「現象」翻的幾個觔斗罷了。

八個月後，他了解了：遠方值得看、值得經歷的，不是和文明環境不一樣的東西，反而是和文明環境一致，可以帶給我們「結構」洞見的東西。但這種領悟要如何說給沒去過遠方的人聽？「走了八個月後，我們得到的最大收穫，是了解了旅程本來是可以不用去的」，誰要聽這種結論？誰聽得懂這是什麼鬼話？

李維史陀表白了：一個合格的人類學家，真正做過了田野調查，從田野回來之後，也就回來了，不會再有第二趟的田野之旅。你不能不去那一次，但一次就夠了。去一次，讓你由抱持著對絢麗現象的著迷，到冷靜下來看穿了多樣現象的有限與無聊，你就找到了人類學真正的探求目的，你也就明白了未來你所要的探求的，沒有什麼是不能在自己原有的環境裡找到的。你具備了從原有的、熟悉的環境裡看到「結構」的眼光與本事，幹嘛還要再去遠方？

會二度、三度踏上田野探險旅程的人類學家，沒有開竅，還停留在尋找、記錄稀奇古怪現象的階段，還沒有看透稀奇古怪的有限與無聊。而看透了文化與社會現象有限性質的人，很明顯的，也就必然、只能成為一個「結構人類學家」。

遠方已經沒有什麼吸引人的東西了。不是因為已經將所有的「遠方」都看盡了，而是因為已經了解了「遠方」所能提供的意義。「遠方」讓我們學會了如何回來看到本來就在所有文化裡的東西。

在遠方尋找自己

從旅程中歸來後，李維史陀就和雅各布森及語言學有了密切的互動。從人類學到「結構人類學」，和從語言學到「結構語言學」，幾乎是平行的兩組複製變化。語言學也是從意識到人類語言的多樣性出發，經過了積極蒐集語言樣本的階段，然後領悟了分析、研究個別語言的徒勞，於是轉彎去探求「結構」。

在「結構語言學」崛起前，語言學中最重要的分支是「語音學」。那就是廣泛收集所有一切可能的人類語音。每發現、蒐集一種新的語言，「語音學」的資料庫就擴充一點，將不一樣的語音元素納進來。而「結構語言學」成立的前提，就是問幾個根本問題：「如此不斷擴張的『語音學』究竟幫助我們對人類語言得到了什麼樣的理解？那麼龐大的資料庫，除了讓我們確知人類運用了這麼多不同的語音來構成語言之外，還有什麼意義？如果語言學要告訴我們的，就是人類語言經驗很豐富、很多元，我們需要走那麼遠、蒐集那麼多材料嗎？」

由這樣的前提出發，「結構語言學」走了和「語音學」完全相反的路。「語音學」是擴張的，不斷發現新的語音元素與語音規則，強調人類語言經驗的廣泛；「結構語言學」卻是收束的，相信人類語言的形成方式不是無限的。人運用語音形成意義、表達意義的連結，其方式是有限的數量，我們可以找出辦法來予以歸納。

語言的關鍵，也是語言學的研究重點，不是一個一個的音，而是音與音之間的關係，或說音與義之間的關係。音可以有近乎無限多，但將音與音組構成語言，連接表達意思的方法，卻相對很有限。蒐集了再多的語音，卻不探究音與音的關係，那就不是真正在了解「語言」。

「語音學」將所有語言中指涉「雨」的聲音都蒐集、羅列出來，認為這樣就完成了「人類語言上的『雨』」；「結構語言學」卻提醒：這樣一個語音資料庫，對任何一個語言系統都沒有意義，因為語音必須被放入對的關係中，才會真正指涉「雨」。單純、孤立的yǔ這個聲音，在中文裡不會就是「雨」，必須放入「下雨」、「雨水」的詞裡，或「怎麼下雨了？」的句子裡，這個聲音才取得了「雨」的意義。

因而重點不在yǔ這個音代表「雨」，而是什麼樣的關係使得在這個語言裡，我們聽到yǔ會知道是「雨」。不同社會、不同語言表示「雨」的語音有無限的可能，但要讓人聽到那個音就知道指的是「雨」，那樣的關係系統卻有著跨文化、跨語言的高度共通性。

語言是一連串的音組成的。那麼聽語言的人，要如何分辨這一連串的音，各自代表什麼？每一個音都有超過一個意思、可以用來代表上百個不同物體、動作或現象，那我們怎麼判斷應該是哪一個？顯然不是靠語音本身，而是靠語音與語音之間的特殊關係。一個社會裡所使用的語音隨意混雜在一起，不能成其為語言，一定要讓這些語音形成特殊的、固定的關係，語音才成了說者和聽者可以溝通的語言。單純的語音排列組合，遠遠多過於真實的語言，這也同樣說明了：受到關係與「結構」約束的語言，並不真的那麼多元多樣。

索緒爾建立的「結構語言學」仍然以一個一個語言系統為其研究的單位，到了雅各布森就將研究的方式擴大了，他不只探究一個語言系統的「結構」，他還透過比對與直覺，暗示了統轄所有語言系統的一套共通「結構」。從語法「結構」上看，如何劃分這個語言系統和那個語言系統的界線，變得曖昧且困難。例如說，中國各地的方言，算是同一個系統嗎？中國大陸說的「普通話」，和台灣說的「國語」，算同一個系統嗎？那麼馬來西亞或新加坡說的「華語」呢？雅各布森開始漠視這種系統單位的區分，將注意力放在不同系統間的共同現象。

再到杭士基[1]，他就進一步主張語言的「結構」是內在天生的。不只是每一種語言有其關係「結構」，不只是各種語言的關係「結構」彼此之間有高度相似、重疊之處，而是根本語言的「結構」就只有一種，是所有人類與生俱來帶在身體裡的。小孩受外界影響學習語言，學習的是特定的語音和語意連結，但他對於語言「結構」的了解，卻不是外鑠的。不經學習，他就已經擁有了天生的語言「結構」認知，後天的學習只是練習如何將特定的語音、語意擺放進天生、內在的「結構」裡。

語言到底是先天的，還是後天學來的，還有爭議，沒有最終的答案。然而，「結構語言學」的理論形成給了李維史陀很大的啟發，他很快認定了自己和「人類學」的關係，就像「結構語言學家」和「語言學」之間的關係。所以他在別的人類學家忙著搶救「野蠻」文化時，就認定了這種做法和「語音學」

1 艾弗拉姆・諾姆・杭士基（Avram Noam Chomsky, 1928-），美國語言學家。

一樣是徒勞無功的。八個月的旅程結束後，他就決定：夠了，不需要再用這種辛苦的方式來研究人類學了。現有的資料，已經夠讓我們從中找尋真正重要的「結構」了。還想要把人類文化都記錄下來，是沒有意義的。那不是人類學真正的任務，人類學家該做的是到過遠方之後，體會了遠方的刺激在於幫助我們看到自身文化也同樣具備的「結構」。光怪陸離、我們不熟悉的現象，和我們習以為常到視而不見的現象，其實遵循同一套「結構」的邏輯，真正新鮮、真正特殊的發現，是這套「結構」。

第十四章

不斷擴大的結構

不斷修補、不斷包納

李維史陀廢棄了的劇本，尤其是其中西拿的故事，既是關於人類學的一則寓言，也是關於人類文明的一則寓言。人類不斷在製造、在尋找各種奇異的現象，以為那就是文化；或換個方向說，人類總以為所謂「文化」，文化帶來的進步，就是產生了各種奇異的現象。殊不知，其實只有回到經驗的根源，找出形成並整理經驗的根本法則，那才是文明的源頭，才是人之所以為人的特質所在。

人類文明發展中，人自豪於可以不斷「創新」，創造出過去沒看過的新鮮事物，就像《西遊記》裡的孫悟空自豪於可以不斷地翻觔斗，一下子就去了好遠好遠的地方，以為自己去到了天涯海角，但真正的領悟卻來自：突然發現那天涯海角其實仍然是如來佛的一根指頭。如來佛標示了界限，孫悟空自以為的天馬行空，是虛幻的假象。所以我們不應該隨著孫悟空的視野看到空曠、看到炫目的距離，而應該冷靜地回過頭來衡量如來佛，那才是真實的。

所以李維史陀一邊寫《神話學》，一邊將《神話學》中的一部分內容，抽出來獨立為《野性的思維》。《實驗室裡的詩人》書中，作者威肯說：

在《野性的思維》中，有重要的長篇哲學討論，就是「科學思維」和「野性思維」之間的差異。李維史陀指出：「科學思維」是分析性和抽象的，喜歡把世界打破為一系列的難題；「野性思維」則尋求一種總體的辦法……

科學家習慣在一個距離外度量和建立模型；「野性思維」則直接處理周遭環境的感官經驗，也用它們彼此衡量，在一個神話性、詩性的公式裡排出秩序。李維史陀形容科學的研究過程是一種永遠不停歇的挖掘，先把表面真實敲破，尋找其下面的分析性世界，找到之後，再挖下一層，如此繼續不斷。科學的進步得自於往下一步一步推進，以找出愈來愈祕密的地圖，而由此獲得的解釋被視為是我們手上地圖的本質。

但相對地，科學藉由將世界拆開來，來掌握世界。科學相信我們把世界拆開為一個一個問題，耐著性子、逐步累積，解開一個一個問題，我們就能（我們才能）了解這個世界。「野性思考」面對世界的方式，則像是在搭架子，想辦法搭一個最好的架子，讓每個事物或現象都在這個架子上能夠有位子，那麼只要了解這個架子，我們也就了解世界了。

科學相信有一個深藏的核心，所以要不斷往下挖掘，趨近核心。「野性思維」走的卻是比擬的路子。

關於「野性思維」，李維史陀舉了印第安人的圖騰作為例子。印地安人每一族都有其圖騰（totem），也有其禁忌（taboo）。圖騰和禁忌是密切聯繫的。一個以熊作為圖騰的部落，必然的禁忌就是不能獵熊，不能傷害熊。過去歐洲人對這種現象的解釋是：這一族的印第安人將自己當作是熊，認同於熊。

李維史陀反對這樣簡單的解釋，他擴大了圖騰與禁忌的作用。熊族認同的「熊」不是獨立存在的，而是他們用來建構和周遭世界互動的基礎。單純說他們「把自己當作是熊」沒有太大的意義，重點在於「熊」這個圖騰和其他圖騰，乃至於和周遭環境其他事物、現象間的互動關係。

熊族以熊的認同，來處理、來整理和其他部落之間的關係，也用熊的認同，來處理、來整理和周遭自然之間的關係。熊族和以鮭魚為圖騰的部落，就形成了熊和鮭魚似的關係。熊和鮭魚就是這兩族彼此互動的一套明喻規範。

現代概念中，人與人的關係屬於社會學的領域，如果研究的對象是人的身體，那就屬於醫學的領域。但在「野性思維」中不這樣分門別類處理。相反地，這種思考方式不斷地以類比來進行融合。處理人際關係最好的方式，是運用自然的類比。熊和鮭魚之間有現成、具體的自然關係，那麼熊族和鮭魚族只要類比、複製這樣的自然關係在他們的社會關係上，就找到了彼此的互動模式。

有一族住在水的上游，另一族住在水的下游，上游的比較強，偏偏又控有了下游那族所需的資源，以至於下游那族經常必須冒著遭受上游那族攻擊的危險，逆流而上。這樣的生存關係，類似自然界熊和鮭魚的關係，於是兩族分別以熊和鮭魚作為其圖騰，也就藉此清楚界定了彼此的互動模式。

將所有的事物都用這種比擬的方式歸類建構，就是「野性思維」。李維史陀在書裡另外用了「修補匠」的工作來解釋「野性思維」。「修補匠」看你們家什麼東西壞了，就幫你修什麼。他修門窗、也修雨傘、也修鍋子、也修菜刀。他沒有一套現成的工作方式，也沒有固定的工具，看你拿什麼來，他就相對應怎麼做。「科學思維」一直不斷分類，每一類都有其個別特性，但這不是人類的主流經驗。絕大部分時間中，絕大部分的社會裡，人是以混同、「修補」的態度過日子的，也就是活在「野性思維」裡。

熊與鮭魚的圖騰決定了兩族間的主要關係，如果出現了熊和鮭魚的自然關係無法涵蓋的兩族互動那怎麼辦？不是把這塊放不進去的部分切出來，放入另一個觀念領域中來處理，而是修改、修補熊和鮭魚的神話。多加一點情節內容，解釋多出來的行為，使其能夠納回修改後的熊與鮭魚關係中。例如說如果鮭魚族的一支族人跑到更上游去建立了據點，得以逃避熊族對資源的掌控，那麼神話中就會出現一隻格外堅韌的母鮭，奮勇從熊的大嘴中跳走，游到了更遠的源頭處，產下了魚卵，孵出了一群活在新環境裡的小魚。

沒有什麼是不變的，也沒有什麼是不能被包納進來的。遇到了問題，就在原有的系統上，找到最接近、最類似的部分，在那裡增添細節，將問題包進系統裡得到解決。破了、壞了就補，既不會將破了、壞了的部分獨立切開來，更不會放棄整個系統的涵納性。

科學其實是特例

李維史陀不只呈現了「野性思維」，他還主張：「野性思維」其實才是人類文化的大宗、多數，相對地，「科學思維」是少數、是特例。他明顯反對將科學視為普遍真理，人類的唯一知識判準。不過他所揭示的這個論點，留下了一個大問題：那為什麼會有「科學思維」？從何誕生了這樣的少數、特例呢？尤其是放回他的「結構」、「總意義」中來看，那麼「科學思維」是文化「結構」中本來就有的嗎？還是「結構」以外的特例？

如果「科學思維」也在「結構」裡，那怎麼能說科學不是普遍的呢？相反地，如果「科學思維」是「結構」的例外，那怎麼能繼續主張「結構」是真正共通的呢？

李維史陀沒有回答這個大問題，但他成功地植入了「科學不是必然、不是理所當然」的懷疑因子，協助、影響了新一代「科學史」的研究方向。以前的「科學史」，基本上是一個成功故事，描寫人類（主要是歐洲人）如何克服了蒙昧、找到了真理。故事裡有明顯的好人、壞人，一心一意追求真理的科學家是好人，其他以「非科學」——宗教、迷信——態度拒絕科學知識、甚至阻礙科學進步的是壞人。「科學史」就告訴我們好人如何堅忍不拔地持續努力，終於戰勝了壞人。

新一代「科學史」改變了前提，科學——科學知識、科學方法、科學家——是需要被放入歷史中解釋的特殊現象。科學是眾多人類知識系統中的一支，這個分支和其他知識為何如此不同？為何在特定的時空中出現？新一代的「科學史」不能再只是講故事，其主要任務變成是進行歷史解釋，重點不在

「如何」，而在「為什麼」；不是科學如何戰勝愚昧，而是為什麼會出現這麼奇特的科學思想。

科學不再是一片黑暗中，從窗口透進來，愈來愈明亮的光。科學是眾多「正常」用四隻腳走路的動物中，突然出現直立兩腳走路的特殊現象。因而「科學史」要探究的，是究竟在哪一點上，發生了從四隻腳到兩隻腳的變化，是哪個或哪些力量促成了這樣的變化？

結構主義開枝散葉

李維史陀更直接的影響，是使得「結構主義」這個名字及其關聯的討論，在歐洲、美洲、乃至傳到全世界，成了顯學。

例如在李維史陀之後，有了拉岡的「結構主義精神分析」。拉岡將李維史陀從語言學借用來分析人類文明的這套方法，再借用到對於個人心理與精神的研究上。拉岡主張：在我們的精神中，可以發現固定的「結構」，管轄著我們如何對來自外界的刺激進行歸類、整理，那不是任意的、偶然的、更不是個別的。用這種方式，拉岡將「結構語言學」、「結構人類學」考察的集體現象，往下建立其根基。人會集體發展出語言結構、文明結構，因為每個個別的人內在先有了這種「精神結構」，「精神結構」限定了人在這有限的「結構模式」中整理感官與心理訊息，人和外界的關係不是無限多元的。如此一來，人類當然也就只能用有限的規則來發明語言、運用語言，也就只能在有限的模式下建立社會與文明。

例如在李維史陀之後，有傅柯的「結構知識史」。傅柯承襲了「結構主義」的關鍵提示：「關係重於任何個別成員、個別元素」，用這樣的原則重新整理了「知識」，從而建立了一套不一樣的「知識史」。他不採取分科、分別的方式看待「知識」，拒絕分門別類研究「哲學」、「文學」、「藝術」、「歷史」……他要研究，他認定值得研究的，是這些知識之間的關係，決定知識產生到成立的「結構」。

傅柯自己稱這樣的研究為「知識考掘學」，他要進行的不是縱向追溯，沒有要將康德、黑格爾、斐希特等一連串貫時性的「哲學家」串起來，討論他們的哲學思想流變，他做的，是像考古學挖出一個遺址，將這個層位上發現的所有物件，想辨法連結在一起。也就是對於同時性的知識進行關係分析與描述。

在這樣的同時性關係探究中，傅柯看出來：「權力」是決定各種不同知識間彼此關係的決定性因素。藉由「權力」而有知識的Configuration，就是給予知識一個共同的形式或面貌。

又例如說，在李維史陀之後，有了羅蘭．巴特這樣的「文學結構主義者」。文學由語言文字組成，那麼「結構語言學」發現的規律，必然會反映在文學上；另外，文學表達經驗與情感，而經驗與情感的形成，也一定會受到「結構人類學」發現的文化規律所管轄。透過這兩種「結構」，巴特從文學中看出了很不一樣的東西。文學作品變成了深層語言文法和深層文化文法的交叉產物。

拉岡、傅柯、巴特……這些法國人後來都成了全球性的知識明星，共同推波助瀾創造了「結構主義」的浪潮，也讓法國得以在二十世紀後半葉，占據了西方思想的領導地位。從「結構主義」還又衍伸出「後結構主義」，出現了德希達的「解構主義」、李歐塔的「後現代主義」，來自法國的一波波思想浪頭，持續衝擊全世界。

聯經文庫

世界就像一隻小風車：李維史陀與《憂鬱的熱帶》

2015年8月初版
2020年6月二版
2020年9月二版二刷

Printed in Taiwan.

定價：新臺幣450元

著　者　楊　照
叢書主編　陳逸達
封面設計　許晉維
校　對　吳　菡

出版者　聯經出版事業股份有限公司
地址　新北市汐止區大同路一段369號1樓
叢書主編電話　(02)86925588轉5322
台北聯經書房　台北市新生南路三段94號
電話　(02)23620308
台中分公司　台中市北區崇德路一段198號
暨門市電話　(04)22312023
台中電子信箱　e-mail：linking2@ms42.hinet.net
郵政劃撥帳戶第0100559-3號
郵撥電話　(02)23620308
印刷者　文聯彩色製版印刷有限公司
總經銷　聯合發行股份有限公司
發行所　新北市新店區寶橋路235巷6弄6號2F
電話　(02)29178022

副總編輯　陳逸華
總編輯　涂豐恩
總經理　陳芝宇
社長　羅國俊
發行人　林載爵

行政院新聞局出版事業登記證局版臺業字第0130號

本書如有缺頁，破損，倒裝請寄回台北聯經書房更換。
ISBN　978-957-08-5551-7 (精裝)
聯經網址 http://www.linkingbooks.com.tw
電子信箱 e-mail:linking@udngroup.com

國家圖書館出版品預行編目資料

世界就像一隻小風車：李維史陀與《憂鬱的熱帶》/ 楊照著．二版．新北市．聯經．2020.06
320面；14.8×21公分．(聯經文庫)
ISBN 978-957-08-5551-7（精裝）
[2020年9月二版二刷]

1.李維史陀（L'evi-Strauss, Claude.）2.學術思想 3社會人類學

541.3 109007805